아편 중독자의
고백

발 행 일　2025년 4월 10일　초판 1쇄 발행

지 은 이　토마스 드 퀸시 Thomas De Quincey
발 행 인　이헌숙
번　　역　김건아
북디자인　김학용
발 행 처　주)휴먼컬처아리랑
경기 양평군 옥천면 용천로 37
전　　화　070-8866-2220
전자우편　thethinkbook@naver.com
등록번호　132-81-87282

www.휴먼컬처아리랑.kr

ISBN　979-11-6537-390-0　(03840)

토마스 드 퀸시 지음

Confessions of an English Opium-Eater

아편 중독자의
고백

토마스 드 퀸시

Thomas De Quincey

토마스 드 퀸시(1785-1859)는 영국의 에세이스트, 문학 평론가, 그리고 자전적 작가로 널리 알려져 있다.

드 퀸시는 문학적 고뇌와 철학적 탐구를 통해 자신의 작품에 독특한 심리적 깊이를 담아냈다. 그중에서도 그의 대표작인 영국 아편(오피움) 중독자의 고백 (Confessions of an English Opium-Eater)은 아편 중독과 그로 인한 고통을 고백하는 내용으로 자전적인 경험을 토대로 한 독특한 문학적 작품이다.

영국 맨체스터에서 태어난 드 퀸시는 매우 불행한 어린 시절을 보냈다. 아버지는 그가 열 살 되던 해에 사망했고, 어머니는 그 후 재혼하였다. 드 퀸시는 가정적 문제와 재정적 어려움 속에서 성장했으며 그로 인한 어린 시절의 상처와 불안은 그의 작품에 영향을 미쳤다. 또한, 그의 교육은 부분적으로 집에서 이루어졌다. 그는 하트하우스 대학교에 입학했지만 결국 학업을 중단하게 된다.

그의 유명한 아편 중독은 1813년에 시작되었으며 이는 그의 정신적, 육체적 고통을 심화시켰다. 아편을 사용하면서 그는 환각을 경험했다. 이러한 경험은 그의 글에 깊은 영향을 미쳤다. 영국 아편 중독자의 고백은 그가 아편을 사용하며 겪은 신체적, 정신적 고통을 솔직하게 풀어낸 작품으로 현대 문학에서도 중요한 자리를 차지하고 있다.

드 퀸시는 철학적 탐구와 문학적 스타일을 결합하여 독창적인 작품을 남겼다. 그는 "학문적인 철학자"라기보다는 감성적이고 직관적인 작가로 철학적 사고와 개인적 경험을 혼합한 에세이로 유명하다. 그는 존 러스크린, 새뮤얼 테일러 콜리지를 비롯한 당시 영국의 문학적 흐름에 영향을 받으면서도 독립적이고 실험적인 접근을 통해 자신만의 길을 걸었다.

이 작품 끝 부분인 제8장. 리히터의 선집에서 나오는 리히터(Richter)는 독일의 유명한 작가 장 파울 리히터(Jean Paul Richter, 1763-1825)를 가리키는 것으로

1. 『우주에 대한 꿈(Dream upon the Universe)』
2. 『어두운 새장 속에서 배우는 지혜(Wisdom learned in a Dark Cage)』

이 두 편은 드 퀸시가 장 파울 리히터의 여러 저작 중에서 직접 선택하여 소개한 발췌문들이다. 드 퀸시는 리히터의 글에 깊은 감명을 받아 자신의 작품 끝부분에 그가 특별히 아끼는 리히터의 글을 선집 형태로 발췌해 실었다. 즉, 드 퀸시가 직접 선별하고 편집한 리히터의 작품 모음이라고 할 수 있다.

드 퀸시는 리히터의 문학에서 나타나는 초현실적이고 꿈 같은 상상력과 깊은 철학적 통찰이 자신의 아편 복용 경험에서 마주한 환각과 꿈의 세계를 묘사하는 데 매우 적합하다고 생각하여 이 선집을 선택하여 소개한 것이다.

따라서 이 시적이고 철학적인 글은 드 퀸시가 『고백』에서 묘사하고자 했던 환각적 체험과 내면적 성찰의 분위기와 일치하며, 책의 마지막을 장식하는 문학적 장치로 사용된 것이다.

그의 글은 당시 사회와 문화에 대한 깊은 통찰을 제공하며, 특히 인간 심리와 감정의 복잡성을 탐구한 점에서 많은 독자에게 여전히 영향을 미친다. 드 퀸시는 또한 Suspiria de Profundis(깊은 곳에서의 한숨)와 같은 작품에서 아편 중독을 넘어 인간 존재에 대한 철학적 성찰을 내포하고 있다. 그는 사망 후 문학 역사에서 중요한 인물로 자리 잡아 오늘날에도 그의 글은 지속적으로 연구되고 있다. 드 퀸시의 문학적 유산은 단순히 아편 중독의 고백에 그치지 않고 인간의 고통과 갈등, 그리고 정신적 갈망에 대한 깊은 성찰을 위해 지속적으로 읽히고 있다. 그의 독특한 문체와 철학적 탐구는 여전히 많은 문학 연구자들과 독자들에게 영감을 주고 있다.

목
차

서문

"저는 이 책을 정중히 독자 여러분께 바칩니다."

제 삶의 특별한 한 시기를 기록한 내용으로 독자 여러분께 흥미로운 기록일 뿐만 아니라 유익하고 교훈적인 자료로 다가가기를 희망합니다. 이러한 기대 속에서 저는 이 기록을 작성하였습니다. 이것은 우리의 잘못과 약점을 공공연히 드러내는 것을 스스로 조심하게 만드는 과정이며, 스스로 제 명예를 떨어뜨리고 있는 것에 대한 저의 변명입니다.

사실, 자신의 도덕적 흉터나 상처를 공개하며 인간의 결점 위에 덮인 '체면의 장막'을 벗겨내는 모습은 영국인들의 정서에 가장 혐오감을 주는 일 중 하나입니다. 따라서 우리의 고백(자발적이고 법정 외에서 이루어진 고백) 중 대부분은 사기꾼, 모험가, 또는 무책임한 자들에 의해 이루어집니다. 체면을 지키며 스스로를 존중하는 사회의 일원으로 간주될 수 있는 사람이 자발적으로 자신을 낮추는 행동을 보려면, 프랑스 문학이나 프랑스의 거짓되고 결핍된 감수성의 영향을 받은 독일 문학을 살펴봐야 할 것입니다. 이점을 저는 매우 강하게 느낍니다. 이런 경향에 대한 비난에 너무나 민감한 제 이야기는 사후에나 공개하는 것이 적절하지 않을까, 여러 달을 고민했습니다. 이렇게 이야기의 일부 혹은 전부를 생전에 출판하는 것이 옳은지에 대해 심사숙고한 끝에 이제야 마침내 공개하기로 결심했습니다.

죄책감과 고통은 본능적으로 대중의 시선을 피합니다. 그것들은 사적이고 고독한 상태를 원하며, 심지어 무덤을 선택할 때조차도 교회의 묘지의 일반적인 공간을 피해 은둔하려고 합니다. 마치 인간이라는 대가족의 일원임을 거부하고, 워즈워스 씨가 감동적으로 묘사한 '참회하는 외로움'을 겸손히 표현하려는 것처럼 말입니다.

저는 이러한 감정을 무시하거나 약화시키는 행동을 하고 싶지 않습니다. 그러나 한편으로 제 고백이 죄책을 인정하는 것에 해당하지 않는 만큼, 설령 그것이 죄책을 인정하는 것이라 해도 마찬가지입니다. 무거운 대가를 치르고 얻은 경험의 기록이 타인에게 유익함을 주는 것으로 그러한 감정을 상쇄하고도 남아 규칙을 깨는 것을 정당화할 수 있을 것입니다. 결함과 고통이 반드시 죄책을 의미하지는 않습니다. 그것들은 가해자의 동기와 전망, 그리고 알려지거나 비밀로 남은 행위의 경감 사유에 따라 죄책의 그림자에 가까워지거나 멀어집니다. 또 그 유혹이 처음부터 얼마나 강력했는지 마지막까지 저항이 얼마나 진지했는지에 따라 달라집니다.

저 자신에 대해서는 진실과 겸손을 잃지 않으며 전반적으로 철학자의 삶이었다고 말할 수 있습니다. 저는 태어날 때부터 지적 존재로 만들어졌으며, 학생 시절부터 제 추구와 즐거움은 고도의 지적 수준을 유지해 왔습니다. 만약 아편을 먹는 것이 감각적인 즐거움이고, 제가 다른 사람들에게서 전례 없는 과도한 수준으로 아편을 즐겼음을 인정해야 한다면 그것은 또한 제가 이 매혹적인 굴레와 싸워 마침내 저주받은 사슬을 거의 끝까지 풀어냈음을 의미합니다. 이러한 자기 정복은 어떠한 종류나 정도의 자기 방종에 대한 균형을 맞출 수 있을 것입니다.

따라서 저는 죄책을 인정하지 않습니다. 설령 제가 죄책을 인정하더라도 제 고백을 통해 아편 중독자들에게 도움이 될 수 있다는 점을 고려한 이 고백을 계속할 결심입니다. 아편 중독자들은 누구입니까?

독자여, 안타깝게도 그 수는 매우 많습니다. 제가 몇 년 전 계산해 본 결과 한정된 계층(재능 있는 인물이나 고위층)만을 기준으로 하더라도 제가 직접 또는 간접적으로 알고 있는 아편 중독자의 수는 많았습니다. 여기에는 당당하고 자비로운 사람, 고인이 된 학장, 유명 철학자, 전 국무부 차관보 등이 있습니다.

여기에 런던의 약사들이 제공한 정보에 따르면 아편 중독자는 엄청난 수에 달하며 아편 구매자의 의도를 구별하는 데 어려움을 겪는다고 말했습니다. 심지어 맨체스터에서는 저임금 노동자들이 술 대신 아편에 의존하며 약국에는 판매용 아편 환이 준비되어 있다고 합니다. 아편의 매혹적인 힘은 의학 작가들조차도 인정합니다. 이는 그리니치 병원의 약사였던 어시터가 아편의 효과에 대해 쓴 글에서도 볼 수 있는데 그는 아편(Opium)의 특성을 알게 되면 그 사용이 증가할 것이며 이는 일반적인 불행으로 이어질 수 있다고 언급했습니다. 이러한 결론에 모두 동의하지는 않지만 제 이야기를 통해 독자 여러분께 아편에 대한 도덕적 교훈을 전할 것입니다.

1장

영국
아편 중독자의 고백

1. 디 퀸시의 독창성
2. 철학자로서의 디 퀸시
3. 디 퀸시의 시대적 배경과 문학적 영향
4. 초기 고백

1장

영국
아편 중독자의 고백

1. 디 퀸시의 독창성

제한된 범위의 문학 중에서 영혼의 내밀한 고백을 다루는 작품들은 그 자체로 매력적이다. 영국 아편(Opium) 중독자의 고백은 그중에서도 눈에 띄는 자리를 차지한다. 마르쿠스 아우렐리우스(Marcus Aurelius), 루소(Rousseau), 아미엘(Amiel)과 같은 가장 다양한 인물들이 우리 상상력에 깊은 영향을 미친다. 우리는 그들의 도덕적, 지적, 영적 감정을 직접 마주하게 되며 그들의 마음속 깊은 비밀들이 호기심 어린 눈에 드러나는 것을 보고 전율을 느낀다.

자연의 소리는 나뭇가지 사이로 불어오고 바람이나 바닷가에서 파도가 부딪히는 소리는 모두에게 다가가지만 위대한 음악가의 미묘한 선율처럼 강렬하게 다가오는 것은 아니다. 인간의 내면세계는 이러한 자연의 소리와 같아서 이를 해석할 수 있는 사람은 극히 일부에 불과하다. 그중에는 드 퀸시처럼 "영혼과 몸이 하나가 되어 그의 정신이 숨겨지지 않고 드러나는" 드문 존재들이 있다.

랜드로(Landor)는 상상의 대화에서 "인간의 마음은 시적인 세계이다. 상상력은 그 세계의 대기일 뿐이다"라고 잘 표현했다. 드 퀸시의 작품은 본질적으로 인간적이기 때문에 그는 문학 세계에서 높은 자리를 차지하게 되었다. 개인의 내면에서 비롯된 투쟁과 고통, 그리고 어려운 세상과 만남에서 발견되는 인간적인 공감은 문학이 영원히 빛날 수 있는 비결이다. 이러한 요소들이 드 퀸시의 작품처럼 해석 가능한 문체의 마법과 결합되면 그 결과는 "시공을 초월한" 매력을 발산하며 시대와 문학적 유행에 구애받지 않는 문학사의 희귀한 걸작이 된다.

이 서두의 고백, 혹은 작가가 이후의 삶에서 아편 복용하게 된 젊은 시절의 모험을 서술한 도입부는 세 가지 이유로 먼저 제시하는 것이 적절하다고 판단되었다. 이는 아편 고백이 진행되는 동안 독자의 머릿속에 불가피하게 떠오를 다음과 같은 질문에 미리 답을 제공하기 위해서이다. 그 질문들은 다음과 같다.

“어떻게 이성적인 사람이 스스로 그러한 고통의 굴레에 얽매이게 했단 말인가? 어째서 자발적으로 그러한 비천한 속박을 감수하고 스스로 그러한 일곱 겹의 쇠사슬로 묶어버렸는가?”

이 그럴듯한 질문들이 어디서든 해결되지 않는다면 이는 독자들에게 이러한 무분별한 어리석음에 대한 분노를 불러일으킬 가능성이 높고, 작가가 목표로 하는 공감대를 형성하는 데 방해가 될 수 있다. 또 이후 아편 중독자의 꿈을 가득 채운 엄청난 광경의 일부를 해석하는 열쇠를 제공하기 위해서이다.

2. 철학자로서의 디 퀸시

철학자로서 스스로를 규명하려 했던 그가 철학자로서 성취한 것은 크지 않았다. 그의 글쓰기에서 나타나는 지적인 분위기는 학문적 훈련을 꾸준히 쌓아온 결과이다. 컨페션스 오브 언 오피움 이터(Confessions of an Opium Eater)의 초기 페이지에서 그는 자신을 이렇게 말한다. “나의 경우, 진실이 겸손을 해치지 않고 내 삶이 전반적으로 철학자의 삶이었다고 주장할 수 있다. 나는 태어날 때부터 지적인 존재였으며 내 학문적 추구의 기쁨은 학생 시절부터 가장 높은 의미에서 지적인 것이었다.

그의 글쓰기에서 드러나는 지적 분위기는 작품에 독특한 품위를 더하며, 논리학자나 철학자보다는 위대한 작가로서의 지적 역량에 더 큰 의미를 부여한다. 반면, 그와 동시대 철학자들은 고대 그리스와 엘리자베스시대 영국의 위대한 정신에 더 큰 영향을 받은 것으로 보인다.

디 퀸시가 철학적 사고에 영향을 받은 주요 인물은 콜리지(Coleridge)였다. 그러나 디 퀸시의 작품에서 나타나는 철학적 사고의 대부분은 전통적인 논리나 학문적 체계보다는 그가 접한 철학적 영향을 통해 만들어졌다. 그는 철학적 사고에 있어서 논리보다는 감성적이고 직관적인 접근 방식을 중요시했다.

디 퀸시가 세운 독특한 철학적 사고는 그의 개인적이고 창조적인 아이디어를 이끌어내는 데 큰 역할을 했다. 이러한 영향은 그가 수스피리아 데 프로펀디스[1](Suspiria de Profundis)

1) 수스피리아 데 프로펀디스(Suspiria de Profundis)는 토마스 드 퀸시의 대표작으로, 그의 내면적 고통과 환각적 경험을 아름답고도 비극적인 문체로 풀어낸 에세이 모음집이다. 작품은 인간의 기억, 꿈, 상실의 고통을 철학적 통찰과 서정적 표현으로 탐구하며 독창적인 감수성을 드러낸다. 이는 드 퀸시 문학의 정점을 이루며, 문학적 상징성과

를 집필할 때 더욱 두드러지며 이 작품에서 그는 고전적 철학과 신학적 상징성을 자신만의 독특한 방식으로 해석했다.

디 퀸시의 문학적 기여는 그가 세운 독특한 서술 방식에 의해 특징지어진다. 그의 글쓰기는 감각적이고 감정적인 요소가 강조된 문체로 유명하다. 이는 그가 오피움 이터(Opium Eater)[2]로 알려지게 된 이유와 깊은 관계가 있다. 그의 독특한 문체와 서술 방식은 당시의 문학적 경향에 큰 영향을 미쳤으며 많은 후대 작가들이 그의 스타일을 따라 하기도 했다. 그는 자신이 경험한 정신적 고통과 고뇌를 진지하게 탐구하며 이를 독자들에게 전하려고 했다. 그의 작품에서는 이러한 내적인 탐구가 매우 중요한 역할을 한다.

디 퀸시는 종종 "레이크 스쿨(Lake School)[3]"의 일부로 언급된다. 이는 그가 윌리엄 워즈워스(William Wordsworth), 새뮤얼 테일러 콜리지(Samuel Taylor Coleridge)와 함께 그라스미어

시적 아름다움으로 독자들에게 강렬한 인상을 남긴다.

2) 오피움 이터(Opium Eater)는 토마스 드 퀸시가 자신의 아편 중독 경험을 기록한 자전적 작품이다. 이 작품은 아편이 가져다준 희열과 고통, 그리고 그로 인한 내면적 투쟁을 생생하고도 심오한 문체로 그려낸다. 드 퀸시의 독특한 문학적 접근은 아편 사용의 철학적, 심리적 측면을 조명하며 독자들에게 강렬한 충격과 깊은 성찰을 안겨준다.

3) 레이크 스쿨(Lake School)은 19세기 초 영국 문학에서 레이크 디스트릭트(Lake District)를 중심으로 활동한 낭만주의 시인들의 그룹을 지칭하는 용어로 윌리엄 워즈워스, 새뮤얼 테일러 콜리지, 로버트 소우디가 주요 구성원으로 자연, 인간 감정, 그리고 일상적 삶의 아름다움을 시로 표현 낭만주의 문학에 큰 영향을 미쳤다. 레이크 스쿨은 인간과 자연의 조화를 강조하며 전통적인 시 형식과 주제에서 벗어나 새로운 문학적 방향을 개척한 것으로 평가된다.

(Grasmere)에서 지낸 시간 때문이었다. 하지만 디 퀸시는 그들이 고백한 것처럼 전형적인 레이크 스쿨의 일원이 되기를 거부했다.

그는 그들의 문학적 영향을 받으면서도 자신의 길을 걸으려 했다.

디 퀸시의 작품에서 나타나는 감성적이고 심리적인 요소들은 레이크 스쿨 문학의 특징이지만, 그가 추구한 문학적 독립성과 창의성은 그의 작품에 독특한 정체성을 부여했다.

디 퀸시의 작품에서 중요한 요소 중 하나는 그가 겪은 고통과 이를 문학적으로 표현하는 방식이다. 그는 오피움 이터(Confessions of an Opium Eater)에서 자신의 고통스러운 경험을 매우 감각적이고도 상세하게 묘사하며 이로 인해 독자들에게 깊은 인상을 남긴다. 그의 문학적 접근 방식은 고통을 단순히 개인적인 경험으로 넘지 않고 그것을 보편적인 인간 존재의 일면으로 확장하여 풀어내는 데 중점을 둔다. 그는 자신이 겪은 내적인 투쟁을 심리학적이고 철학적인 관점에서 탐구하였다. 그의 작품은 단순한 자서전적 고백이 아니라, 인간의 정신적인 고뇌와 그것을 극복하려는 시도를 묘사하는 문학적 실험으로 볼 수 있다. 이러한 고통의 서사적 표현은 후대 작가들에게도 큰 영향을 미쳤다. 이렇게 그는 종종 동시대 작가들의 영향을 받으면서도 그들로부터 독립적인 창조적 경로를 걸으려 했다. 그는 콜리지(Coleridge)와 워즈워스(Wordsworth)에게 큰 영향을 받아 자신의 문체와 사상에서는 그들로부터 벗어나려는 노력을 기울였다. 그의 글쓰기에서 보이는 감정적이고 철학적인 탐구는 그가 어떻게 전통적인 문학적 경향을 넘어서는 독창적인 작가가 되었는지를 잘 보여준다. 또 자신만의 스타일을 확립하기 위해 많은 실험을 했다. 오피움 이터에서 볼 수 있듯이 그는 문학적 규범을 따르기보다는 자신의 내면의 세계를 탐구하는 데 집중하며 이러한 태도는 그가 문학적으로 독립적인 존재가 되는 데 중요한 역할을 했다.

그의 작품에서 중요한 주제 중 하나는 '의존성'이다. 아편(Opium)의 의존성은 그의 삶을 지배하는 중요한 요소였다. 그는 이를 문학적으로 깊이 탐구했다. 오피움 이터에서 디 퀸시는 오피움에 대한 자신의 의존성을 솔직하게 고백하며 그 의존성이 단순한 습관이나 중독이 아닌, 더 깊은 심리적, 감정적 원인에 뿌리를 두고 있음을 강조한다.

디 퀸시의 의존성은 그가 작품을 창작하는 과정과도 밀접하게 연결되어 있다. 그는 아편움의 영향을 받아 감각과 기억을 조작하고 그것을 문학적으로 표현하며 자신만의 독특한 문학적 세계를 만들어 나갔다. 이는 그의 창작 과정에 대한 중요한 통찰을 제공하며 문학적 창의성의 경계를 넘어서는 방식으로 다가온다.

디 퀸시의 작품에서 가장 두드러지는 특징 중 하나는 문학적 자아가 어떻게 형성되었는지에 관한 탐구이다. 그는 내면의 고통과 감정적 소용돌이를 창조적인 작업으로 승화시키며 그 결과로 독특한 문체와 사상적 경향을 발전시켰다. 그의 글은 단순히 개인적인 고백에 그치지 않고 보편적인 인간 존재에 대한 깊은 통찰을 제공한다. 이러한 점에서 디 퀸시의 문학은 그의 시대를 넘어서는 보편성을 지닌다.

그가 고백하는 '아편 중독'의 경험은 어떻게 자신의 문학적 자아를 형성했는지 이해하는 데 중요한 단서를 제공한다. 그는 또 중독이 단순한 육체적 의존이 아니라, 정신적·철학적 탐구의 일환으로 나타난다고 주장한다. 이는 그가 어떻게 고통을 문학적 표현으로 전환 시키며 이를 통해 독자들에게 더 깊은 인간의 본질을 묘사하려 했는지를 보여준다.

그의 문학적 유산은 작품이 가지는 독창성과 감동적 요소들 덕분에 오랫동안 평가받아 왔다. 특히 오피움 이터와 수스피리아 데 프로펀디스(Suspiria de Profundis)와 같은 작품들은 그가 인간의 정신과 감정을 탐구하는 방식에서 중요한 자리를 차지한다. 그는 단순히 자신의 고통을 기록한 것이 아니라, 그것을 문학적 가치로 변환시켰다. 그의 문체는 종종 감각적이고 심리적인 갈등과 고통으로 독자들에게 깊은 감동을 준다.

디 퀸시가 창조한 독특한 문학적 스타일은 후에 많은 작가에게 영향을 미쳤다. 그는 감각적인 묘사와 철학적 사고를 결합하여, 문학의 경계를 확장하는 데 기여했다. 그의 작품이 가진 철학적 깊이는 단순한 문학적 기법을 넘어 인간 정신의 복잡성을 탐구하는 중요한 작업으로 평가된다. 그의 작품에서 중요한 역할을 하는 또 다른 요소는 철학적 탐구이다. 그는 고통과 고뇌를 인간 존재의 본질에 대한 깊은 이해로 승화시키려 했다. 오피움 이터에서 나타나는 그의 철학적 접근은 단순히 개인적인 경험의 기록에 그치지 않고 인간 정신의 복잡성과 그 안에 내재 된 고통을 설명하려는 시도였다. 디 퀸시는 고뇌를 단지 고통의 형태로 바라보지 않고 그것을 인간 정신을 이해하는 열쇠로 삼았다.

디 퀸시가 철학적으로 탐구한 주제 중 하나는 '의식의 흐름'과 같은 문제였다. 그는 인간의 의식이 어떻게 형성되고, 고통이 어떻게 의식에 영향을 미치는지를 탐구하며, 이를 문학적 방식으로 풀어냈다. 이러한 철학적 탐구는 디 퀸시의 작품을 단순한 문학을 넘어서는 깊이를 제공할 수 있도록 만들었다.

3. 디 퀸시의 시대적 배경과 문학적 영향

디 퀸시의 작품을 이해하기 위해서는 그가 살았던 시대적 배경과 그 시대의 문학적 분위기를 살펴보는 것이 중요하다.

19세기 초 영국의 문학계는 새로운 사상과 혁신적인 아이디어가 범람하는 시기였다. 이 시기에는 낭만주의가 중심이 되어 작가들이 감정과 개인적인 경험을 중요시하는 작품을 발표했다. 디 퀸시 또한 이런 흐름 속에서 자신의 고유한 문학적 스타일을 형성했다.

그가 영향을 받은 주요 작가 중 한 사람은 콜리지(Coleridge)이다. 그는 콜리지의 철학적이고 신비적인 글쓰기에서 큰 영향을 받아 자신의 작품에서 정신적인 깊이와 고뇌를 표현할 수 있었다. 또한, 디 퀸시는 그 당시 영국의 문학적 흐름에서 독특한 위치를 차지한 작가로 종종 "호수파(Lake School)"라는 문학 그룹에 묶여 이야기되었다. 그러나 그는 이 그룹의 영향을 받기보다는 자신만의 독립적인 스타일을 확립한 작가였다. 그의 작품에서 가장 중요한 테마 중 하나는 그의 내면세계와 그것이 어떻게 문학적으로 표현되는가이다. 특히 오피움 이터에서 그는 자신이 경험한 고통과 중독을 솔직하게 고백하면서 그것을 문학적 형태로 승화시켰다. 이러한 내면의 고뇌는 단순히 개인적인 경험에 그치지 않고 인간 존재에 대한 깊은 성찰을 이끌어냈다. 그는 고통을 그저 부정적인 경험으로만 바라보지 않았다. 그는 고통을 인간 존재의 필수적인 부분으로 여기며 그것을 문학적 작업의 중요한 재료로 사용했다. 그의 작품은 고뇌와 고통을 넘어서 인간 정신의 복잡성과 그로 인해 형성되는 사상들을 탐구하려는 노력의 결과물이다. 그의 문학적 기법은 그 시대의 다른 작가들과 비교했을 때 독특한 특징을 지니고 있다. 그의 문체는 매우 감각적이고 때로는 몽환적인 분위기를 자아낸다. 이는 그가 아편에 의존했던 경험에서 비롯된 독특한 정신 상태와 관련이 있을 것이다. 그의 글은 때로는 흐릿하고 비유적이며, 독자가 그의 글을 읽으며 고통과 혼란을 직접 경험하는 듯한 느낌을 준다. 그는 문학을 단순히 스토리텔링의 방식으로 보지 않고 감정과 사상을 전달하는 강력한 도구로 보았다. 그는 글쓰기를 통해 인간의 가장 깊은 감정과 내면을 탐구하려 했으며 이는 그의 작품에서 중요한 위치를 차지하는 특징이다.

그의 마지막 해는 세상과의 관계를 재정립하며 점차 적으로 문학적 작업을 이어갔던 시기였다. 그는 아편 중독에서 벗어나려는 시도를 계속했으나 그 영향을 완전히 떨쳐내지는 못했다. 그러나 그의 후반기 작품들에서 점차 적으로 더 내적인 성찰을 거듭하며 문학적인 깊이를 더해 갔다. 디 퀸시의 마지막 작품은 삶과 문학에 대한 깊은 통찰을 담아서 남긴 유산 중 하나로 평가된다. 그의 문학적 유산은 시간이 지나면서 점차 인정받았고, 오늘날 그는 영국 문학에서 중요한 위치를 차지하는 작가로 평가받는다. 그의 독특한 문체와 철학적 탐구는 여전히 독자들에게 영감을 주고 있다. 그의 작품을 이해하기 위해서는 시대적 배경과 문학적 분위기를 살펴보는 것이 중요하다.

19세기 초 영국의 문학계는 새로운 사상과 혁신적인 아이디어가 범람하는 시기였다. 이 시기에는 낭만주의가 중심이 되어 많은 작가의 감정과 개인적인 경험을 중요시하는 작품을 발표했다. 디 퀸시 또한 이런 흐름 속에서 자신의 고유한 문학적 스타일을 형성했다. 그의 문학적 여정은 점차적으로 더 내적인 성찰을 향해 나아갔으며, 1819년 무렵 그는 그동안 약물의 해로운 영향을 극복하려는 투쟁을 시작하며 문학적 성취를 향한 희망을 다시 모았다. 그는 한때 약물에 의해 의지의 무능력 속에 사라진 듯한 시기를 겪었다. 하지만, 1819년 이후에는 더 나은 상태에 도달하게 된다. 이 시기, 그는 재정적인 어려움에 직면하면서도 자신을 회복시키기 위해 마지막으로 최선의 노력을 다해 삶을 유지하려 했다.

그가 처음으로 구상한 대작들은 초기 작가의 열정적인 기획처럼 대규모의 작품들로 철학적인 탐구와 정치경제학에 대한 열정이 잘 드러났다.

디 퀸시가 계획한 작품 중 하나는 철학적 작품인 『인간 지성의 개선에 관하여』(De Emendatione Humani Intellectus)로 이는 스피노자의 인간 지성의 한계를 분석하고 이성적 사고를 통해 이러한 한계를 극복할 방법을 논의한 글이다. 스피노자는 인간의 지식적인 한계를 감각적 경험에 의존하는 것에서 비롯된다고 주장하며 이를 극복하기 위한 방법으로 이성적 사고와 논리적 접근을 강조했다. 이 작품은 스피노자 철학의 발전을 위한 중요한 연구로 여겨지며, 인간 지식의 진전을 위한 방법론을 제시한 책이다.

또 그는 『미래 정치경제학 시스템에 대한 서론』(Prolegomena to All Future Systems of Political Economy)이라는 작품을 통해 정치경제학에 대한 자신의 비전을 제시하였다.

이 책은 경제학이 자연 과학과 같은 객관적인 방식으로 연구될 수 있음을 주장하며 인간 행동의 복잡성을 이해하는 데 중요한 기초를 제공한다.

이 작품에서 디 퀸시는 경제학을 과학적 분석의 틀 안에서 접근하려는 야심을 보이며 그가 지닌 철학적이고 정치 경제학적인 열정이 드러난다. 그러나 긴급한 재정적 어려움 앞에서 디 퀸시는 두 번째 계획을 포기하고 "웨스트몰랜드 가제트(The Westmorland Gazette)"라는 지역 보수지의 편집직 제안을 받아들였다. 그는 그라스미어에서 주간 1 기니로 편집장 역할을 하게 되었다. 이 경험은 그의 문학적 경력에서 중요한 전환점이 되었다. 그러나 이 편집이라는 직업은 여러 원인으로 1년을 채우지 못했고, 그로 인해 디 퀸시는 문학적 생산의 시대를 다시 시작하게 되었다.

그는 새로 창간된 "런던 매거진"에 글을 기고하면서 문학적 명성을 확립했다. 1821년 9월호에 발표된 "아편 먹은 자의 고백(Confessions of an Opium-Eater)"는 그의 중요한 첫 번째 문학적 출현이었다. 디 퀸시는 이후 몇 년간 문학잡지에 기고하며 150편 이상의 글을 썼다. 이 글들은 대부분 그라스미어에서 쓰여졌으며, 일부는 런던에서 그리고 대부분은 에든버러에서 썼다.

1830년, 디 퀸시는 아내와 자녀들과 함께 에든버러에 정착했다. 이전에 "블랙우드즈 매거진"과의 관계 덕분에 자주 방문하던 곳이었다.

에든버러에서 그는 가족을 보살폈다. 당시 스코틀랜드 수도의 독특한 사람들 사이에서 책벌레 같은 그의 외모와 복장은 더욱 두드러져 그곳에서 사랑하는 이를 잃고 인생의 고난을 겪었다.

1833년, 1835년, 1837년에 거쳐 큰 상실이 있었다. 특히 1837년에는 아내인 마가렛이 세상을 떠났다. 그녀는 그가 그동안 겪은 어려움 속에서도 변함없이 그를 도와주었고 힘든 상황에서도 어린 자녀들을 돌보는 정말로 훌륭한 모습을 보여주던 사람이었다.

1840년, 맏딸 마가렛은 동생 호라스와 함께 이제 유명한 집으로 기억되는 메이비스 부쉬라는 작은 오두막을 라스웨이드에서 구하기로 했다. 그 후로 이곳은 독특한 책벌레인 디 퀸시의 중심적인 거처가 되었다. 그의 습관은 해가 지날수록 점점 더 이해할 수 없고 기이해졌다.

디 퀸시의 후기 에든버러에서의 모습을 실감나게 보여주는 여러 기록 중 그의 동료 작가인 힐 버튼의 글을 소개할 수 있다.

힐 버튼은 디 퀸시가 그를 위해 열린 만찬에서의 모습을 이렇게 묘사했다.

"연회가 한창일 때 복도에서 개나 다른 길 잃은 동물이 들어오는 듯한 소음이 들린다. 친절한 손님의 본능이 이를 감지하고 문을 열어 작은 낯선 이를 데리고 들어온다. 이건 무엇일까? 길거리 소년인가? 그의 복장은 낡은 소년용 더플코트로 구멍이 나 있고 턱까지 단단히 잠긴 채 그곳에서 다양한 색깔의 벨처 손수건이 어지럽게 달려있다. 발에는 눈으로 덮인 리스트 신발을 신고 있으며, 바지는?

어떤 이는 그것들이 잉크로 검게 물들인 린넨 바지일 거라고 추측한다. 이런 복장을 무어라 설명해야 할까? 마치 가장 가까이 있는 천 조각들을 주워 입은 모양새였다." 이렇게 디 퀸시의 옷차림이 엉망인 이유는 그가 여전히 방랑자의 본능을 가지고 있었기 때문이다. 그는 종종 라스웨이드의 오두막을 떠나 있었으며 그때마다 급히 숙소를 정하고 시간이 지날수록 완전히 지저분한 상태로 돌아오곤 했다. 하지만 이런 엉뚱한 행동들에도 불구하고 항상 그가 돌아갈 곳은 따뜻한 가족의 위로가 있는 메이비스 부쉬였다. 그곳은 수많은 변화 속에서도 변함없는 안식처였다.

하지만 시간이 지나면서 가족 구성원들은 점차 분산되었고 두 큰딸은 결혼하였으며 두 아들은 각각 인도에서 군 복무와 브라질의 의사로 길을 떠났다.

이렇게 주기적인 방문 외에는 결국 남은 자녀는 막내딸 한 명만이었다. 디 퀸시는 결국 그의 문학적 전투를 마무리 지었다.

디 퀸시은 1859년 12월 8일, 에든버러 로시안 스트리트에 있는 숙소에서 나이 들어가며 노환으로 세상을 떠났다. 두 딸 중 한 명은 급히 아일랜드에서 호출되어 그의 마지막을 함께 했다.

디 퀸시의 신체적, 정신적 투쟁은 정말 놀라웠다. 약해진 몸으로 나이를 먹으면서 그가 겪은 고통과 아편으로 인한 추가적인 고통을 강조할 필요가 있다. 독자들은 종종 그의 신체적인 취약함을 간과하기 쉽다. 다행히도, 그의 생애 후반에 그는 '강력하고 미묘한 존재'와 일종의 타협을 이룰 수 있었다. 그의 마지막 몇 년은 자연스럽게 쇠약해지는 것을 제외하고는 아마도 그의 인생에서 가장 고통스럽지 않은 시간이었을 것이다.

그는 마지막 몇 년 동안 에든버러에서 그의 비정상적인 보헤미안적인 생활을 지원해 준 배려 깊은 사람들을 만나는 행운을 얻었다. 그의 엉뚱한 습관과 금전 관리의 무능함과 신체적 무력함, 그리고 일반적인 민감성은 언제나 집주인의 속

임수에 쉽게 당하게 만들었다. 그는 여러 번 숙소를 옮기며 책과 문서들이 항상 어지럽혀져 있었다. 그 상태는 마치 스스로 "눈에 파묻히듯" 살았다고 표현할 정도였다. 그러나 마지막 거처였던 로시안 스트리트 42번지에서는 친절하고 배려 깊은 사람들을 만나 그를 돌보아 주었음으로 덕분에 그의 쇠약해진 마지막 해를 비교적 편안하게 보낼 수 있었다.

디 퀸시의 후반기 문학적 결과는 이전 시기 못지않게 독창적이었다. 특히, 1853년에는 제임스 호그와의 협력으로 그의 작품들이 첫 번째로 모아졌다. 이 판본은 후에 블랙 출판사를 통해 재편집되어 디 퀸시 문학의 완성된 기념비로 남았다.

디 퀸시의 작품은 전반적으로 그가 시대마다 많은 잡지에 기여한 것들로 잡지 기고자라는 조건에서 나오는 특유의 결점과 장점을 가지고 있다. 그러나 그가 "각기 다른 것들로 인한 조화의 대가"라 불리며 "고백"이나 "슬픔의 여성들" 같은 작품에서 보여준 그의 글쓰기 스타일은 분명히 높이 평가받았다. 그의 작품은 때때로 매력적이지 않거나 그저 보통의 문체로 쓰인 글일 수 있다. 하지만, 그에게는 항상 지적 토대가 있었다. 그는 종종 별다른 특징 없이 글을 쓸 때도 있었다. 하지만, 결코 공허하게 글을 쓰지는 않았다. 그의 최고 작품은 "고백"보다는 "수스피리아 데 프로펀디스"에서 나타난다. 이 작품에서 그는 영어 산문의 최고 경지에 도달했다.

그의 작품 중에서 "Our Ladies of Sorrow(슬픔의 여인들)"는 그 자체로 매우 완성도 높은 작품이다. 이 단편으로 그 구상은 매우 웅장하고 서사적이다.

교수인 매슨은 이 작품에 대해 매우 감동적인 요약을 했다. 그는 "이것은 산문시이지만, 그 이상이다. 이것은 인류의 신화에 대한 영원한 추가 물이다. 그리스 신화에서 그라시와 운명의 세 여신이 세 명인 것처럼 이 세 명의 슬픔의 여인들은 인간 상상력에 영원히 각인될 것이다."라고 말했다.

4. 초기 고백

이 초기 고백은 작가의 젊은 시절 모험과 그 이후에 아편 중독으로 이어진 과정을 이야기 한 것으로 이는 세 가지 이유로 필요하다고 판단된다.

아편 중독의 원인 설명은 "어떻게 합리적인 존재가 이렇게 고통스러운 짐을 자처해 스스로 억제하며 이 일곱 배의 쇠사슬로 자신을 묶게 되었는가?"라는 질문이 자연스럽게 제기될 수 있다. 이 질문을 해결하지 않으면 작가의 목적에 필요한 동정심을 얻기 어려운 상황이 올 것이다. 아편 사용자의 꿈을 이해하기 위한 배경 제공은 그 후 꿈에 나타난 무서운 장면을 이해하는 데 도움이 될 것이다.

고백의 개인적 관심을 이끌기 위해 “소에 관한 이야기를 하는” 사람이 아편 사용자가 되면 그 꿈이 ‘소’와 관련될 가능성이 크다. 하지만 이 고백자는 ‘철학자’라고 자처한다. 따라서 그가 경험한 환상은 철학적인 사고를 가진 이의 꿈답게 될 것이다. 그가 철학자로서 자신을 주장하는 이유는 단지 탁월한 분석적 사고를 지닌 뇌를 의미하는 것이 아니다. 그는 인간 본성에 대한 깊은 통찰력을 가질 수 있는 도덕적 자질도 필수적이라고 주장한다. 이러한 자질은 역사상 그 어떤 시대의 사람들보다도 영국의 시인들에게서 가장 두드러지게 나타났으며 그와 반대로 스코틀랜드의 교수들에게서는 거의 나타나지 않는다고 한다.

2장

고백의 시작

1. 아편의 즐거움
2. 아편의 고통
3. 앤의 행방

2장

고백의 시작

나는 자주 내가 어떻게 아편 중독자가 되었는지에 대한 질문을 받는다. 그리고 내가 기록한 고백의 원인이 되는 아편을 취한 이유가 인위적인 기쁨을 얻기 위한 것이라고 생각하는 이들로부터 부당한 비난을 받았다. 그러나 내 경우 이것은 잘못된 해석이다. 사실 나는 약 10년 동안 기쁨을 위해 아편을 가끔씩 사용했을 뿐이고, 그 기쁨을 추구할 때는 오히려 긴 간격을 두고 사용을 했기에 물리적인 나쁜 결과를 피할 수 있었다. 하지만 이후에 나는 기쁨을 위해서가 아니라, 극심한 고통을 완화하기 위해서 아편을 일상적인 식사의 일부로 사용하기 시작했다.

내 나이 28세 때, 약 10년 전부터 고통을 겪었던 심각한 위장 질환이 나에게 나타났다. 이 질환은 절대로 다른 약물로는 치료될 수 없었다.

내가 이 위장 질환을 처음 겪었던 어린 시절의 고통은 흥미롭고 그와 관련된 상황들이 특별했기 때문에 나는 그것들을 잠시 되짚어 보려 한다.

28세 무렵, 10년 전 처음 경험했던 극심한 위통이 다시 심하게 나를 괴롭히기 시작했다. 이 통증은 어릴 때 겪었던 극도의 굶주림으로 인해 처음 발생한 것이었다. 이후 18세에서 24세 사이 희망과 행복으로 가득하던 시기에는 이 통증이 잠잠했다. 하지만 그 후 3년간은 간헐적으로 재발했고 우울한 환경과 정신적 침체로 인해 다시 심한 공격을 받게 되었다. 이 통증은 아편을 제외한 어떤 치료 방법도 효과가 없었다.

내가 약 7살 때 아버지가 돌아가시자 나는 네 명의 후견인에게 맡겨졌다. 이로 인해 여러 학교에 다녔다. 나는 어린 시절부터 고전 학문에서 두각을 나타냈다. 특히 그리스어에 능해 13세 때에는 그리스어로 글을 썼고, 15세 때는 그리스어로 자유롭게 대화할 수 있었다. 그리스어를 자유자재로 구사할 수 있는 능력은 내가 했던 독특한 학문적 연습 덕분이었다. 그 연습은 신문을 매일 그리스어로 번역하는 것이었다. 그러자 나는 현대적 사고와 개념을 전달하기 위한 다양한 방식(또는 어휘)을 창조할 수 있었다. 이 훈련은 단순한 도덕적 에세이를 번역하는 데 그치지 않고, 현대적 아이디어와 이미지를 표현하기 위한 다양한 표현 방식을 탐구하도록 만들었다.

"저 소년이 아테네 군중 앞에서 연설 한다면 당신이나 나보다 훨씬 더 잘할 것이다."

한 스승님은 사람들에게 나를 가리키며 이렇게 말했다. 그 스승은 학문적 깊이가 있는 인물로 내가 사랑하고 존경했던 유일한 선생님이었다. 하지만 나는 곧 이 뛰어난 스승을 떠나야 했다. 처음에는 내 지식을 드러내지 않으려 안간힘을 쓰던 겁쟁이에게로, 그리고 마침내 큰 학교를 운영하며 학식은 있으나 세련되지 못한 인물에게로 보내졌다.

나는 대학에 진학할 돈이 필요했으며, 바로 그곳으로 보내달라고 했다. 나는 이 문제에 대해 후견인들에게 여러 차례 진지하게 말을 했으나 모두 소용없었다. 그중 한 명은 다른 사람들보다 세상 물정을 더 잘 아는 사람이었다. 하지만, 멀리 살고 있었다. 나머지 세 사람 중 두 명은 모든 권한을 네 번째 사람에게 넘겼다. 내가 협상해야 했던 네 번째 후견인은 그 나름대로 훌륭한 사람이었다. 하지만 자존심이 강하고 고집이 세며 자신의 의지에 반대하는 모든 것을 참지 못하는 사람이었다. 여러 차례의 편지와 만남 끝에 나는 더 이상 희망이 없다는 것을 깨달았다. 그 후견인은 내가 양보하거나 타협을 제안하더라도 절대로 수용하지 않았다. 그는 무조건 복종만을 요구했다. 그래서 나는 다른 방법을 찾아야 했다.

여름이 무르익자 내 17번째 생일이 곧 다가왔다. 나는 그 날 이후로 더 이상 학생이 아니라고 스스로에게 다짐했다.

돈이 가장 필요한 상황에서 나는 어린 시절부터 알고 지낸 고위층 여성에게 5구니를 빌려달라고 편지를 썼다. 일주일이 넘도록 답장이 없자, 나는 절망에 빠져 있었다. 그러던 중 한 하인이 왕관이 찍힌 편지를 내게 전해주었다. 그 편지는 친절하고 사려 깊었다. 여성은 바다 근처로 여행 중이었기 때문에 답장이 지연된 것이라며 내가 요청한 금액의 두 배를 보내왔다. 만약 내가 갚지 않더라도 그녀에게 큰 부담이 되지 않을 것이라고 친절하게 덧붙였다. 그렇게 해서 나는 내 계획을 차근차근 준비할 수 있었다. 10구니와 남아 있던 2구니 정도면 무한히 사용할 수 있을 것 같았다. 힘의 한계를 정의할 수 없는 나이 때 희망과 즐거움은 그것을 사실상 무한하게 만든다.

나는 펜이나 책을 천 번도 더 내려놓고 그것에서 위안을 얻으려 했었다. 마치 숭배자가 자신을 보호해주는 성인에게서 힘을 얻듯이 말이다.

그림을 바라보던 중 시계에서 울리는 깊은 소리가 네 시를 알렸다. 나는 그림에 입을 맞추고 조용하게 걸어 나가며 문을 영원히 닫았다.

이 당시 내 삶에는 웃음과 눈물은 얽히고 뒤엉켜 있어 그 당시 일어난 사건을 떠올리면 나는 여전히 웃음을 참을 수 없었다. 그 사건은 내 계획을 실행하는 데 큰 지장을 줄 수 있었다. 나는 무거운 트렁크를 가지고 있었다. 내 옷뿐만 아니라 거의 모든 도서가 그 안에 들어 있었기 때문이다. 문제는 이 트렁크를 운송업체로 운반해 옮기는 일이었다. 내 방은 집의 높은 곳에 있어 불편하고 그 공간과 연결된 계단은 교장 선생님의 방문을 지나가는 복도를 통해서만 접근할 수 있었다. 나는 모든 하인에게 인기가 있었기에 그들이 나를 도와줄 것이라고 믿었다. 그래서 나는 교장 선생님의 하인에게 내 어려움을 이야기했다. 그는 내가 원하는 것을 뭐든지 하겠다고 맹세했기에 시간이 되어 트렁크를 내릴 수 있었다. 하지만 나는 이것이 한 사람의 힘으로 할 수 있는 일이 아니라고 생각했다. 그러나 그 하인은 "무거운 책임"을 가진 사람이었고 그의 등은 세기의 평원처럼 넓었다. 그는 혼자서 트렁크를 내리기로 하고 나는 마지막 계단에서 그가 내려오는 모습을 불안한 마음으로 기다리고 있었다. 잠시 후, 나는 그의 발소리가 점점 가까워지는 것을 들을 수 있었다. 그러나 불행히도 긴장한 나머지 그는 갤러리 근처에서 발이 미끄러졌다. 무거운 트렁크는 그의 어깨에서 굴러 떨어졌고 그

속도는 점점 더 빨라져 마치 악마들이 달려드는 소리처럼 시끄럽게 교장 선생님의 침실 문 앞에 떨어졌다.

내 머릿속에 든 첫 생각은 모든 것이 끝났다는 것이었다. 내가 취할 수 있는 유일한 방법은 짐을 포기하는 것이라 생각했다. 하지만 차분히 생각한 후 이 결과를 받아들이기로 결심했다. 그 와중에 이상하게도 웃음이 터져 나왔다. 그리고 그 웃음소리 역시 교장의 귀에 들렸을 것이라는 생각이 들자 그것 역시 참을 수 없어서 나와 하인은 함께 웃음을 터뜨렸다. 우리는 당연히 교장선생님이 방에서 뛰쳐나올 것이라 예상했다. 평소에도 쥐 한 마리만 움직여도 마치 사냥개처럼 벌떡 뛰어나오는 사람이었기 때문이다. 그러나 이상하게도 웃음소리가 잦아든 후에도 교장선생님 침실 안에서는 아무런 인기척조차 들리지 않았다. 교장선생님은 지병 때문에 종종 불면에 시달렸는데 그날은 깊은 잠에 빠져있었는지도 모르겠다.

나는 트렁크가 손수레에 실려 배달인에게 가는 것을 확인한 후, "섭리의 인도"를 따라 홀로 길을 나섰다. 한쪽 팔에는 몇 가지 옷가지가 든 작은 꾸러미를 끼고, 한쪽 주머니에는 좋아하는 영국 시인의 책을, 다른 주머니에는 유리피데스의 희곡 9편이 담긴 작은 12모짜리 책을 넣은 채였다.

원래 나는 웨스트모얼랜드로 갈 생각이었다. 그곳을 사랑했기 때문이기도 하지만 개인적인 이유도 있었다. 그러나 우연한 사건이 나의 여정을 다른 방향으로 틀게 했고, 나는 북웨일스로 발길을 돌렸다. 그렇게 덴비셔, 머리오네드셔, 카나번셔를 떠돌아다니다가 어떤 한 아담하고 깔끔한 집에 하숙을 정했다. 아마도 그곳에서 나는 여러 주 동안 매우 편안하게 지낼 수 있었을 것이다. 이 지역은 식료품 값이 저렴했는데, 이는 광활한 농업 지역에서 나오는 잉여 생산물을 다른 시장에 수출하지 않아 식료품이 저렴했기 때문이다. 그러나 어떤 사고로 인해 우연히 나는 다시 떠나야 했다. 나는 독자들이 이 점을 주목했는지 모르지만, 나는 자주 언급했듯이 영국에서 가장 자존심이 강한 계층은 (혹은 적어도 그들의 자존심이 가장 드러나는 계층은) 주교 가문들이다. 귀족들과 그들의 자녀들은 그들의 직함 자체에서 그들의 신분을 충분히 알릴 수 있다. 그들의 이름도 (많은 귀족 가문의 자녀들에게도 해당된다.) 고귀한 출신이나 혈통을 나타내는 중요한 지표가 된다. 아니, 귀족 가문뿐만 아니라 작위 없는 가문의 자녀들조차도 그들의 이름만으로도 잉글랜드인의 귀에 고귀한 혈통과 출신을 충분히 드러내는 경우가 많다. 색빌, 매너스, 피츠로이, 포렛, 캐번디시 같은 이름들은 그 자체로 그들의 내력을 말해준다. 따라서 이런 사람들은 자신들의 사회적 지위가 이미 널리 인정되고 있음을 어디서나 발견할 수 있다. 다만 세상 물정을 모르는 이들, 즉 자신의 존재 자체가 미미한 사람들 사이에서는 예외일 것이다. "그들을 모른다는 것은 곧 자기 자신이 알려지지 않았다는 증거다." 이러한 배경 덕분에 그들의 태도와 말투는 자연스럽게 위엄을 갖추게 되며, 가끔 자신의 중요성을 타인에게 각인시켜야 할 필요를 느낄 때도 그들은 얼마든지 세련된 호의를 베풀며 이를 완화하고 조절할 기회를 찾을 수 있다.

그러나 주교들의 가족은 사정이 다르다. 그들은 자신들의 지위를 알리는 일이 끝없는 고된 일로, 즉 힘겨운 오르막길과 같다. 귀족 가문 출신이 주교직을 차지하는 비율은 그리 높지 않다. 그 지위의 교체도 매우 빠르게 이루어지기 때문에 문학적 명성을 동반하지 않는 한, 일반 대중이 그들의 이름을 익숙하게 들을 기회는 거의 없다. 이런 이유로 주교의 자녀들은 종종 그들의 자격이 널리 인정받지 못하는 것처럼 마치 "접근하지 말라"는 태도를 보인다. 그들은 다른 사람들과의 접촉을 피하려는 민감함을 보이며 종종 고통받는 사람처럼 신경질적인 반응까지 나타난다. 물론, 강력한 지능이나 비범한 성품은 이러한 약점을 방지할 수 있다. 하지만, 대체로 내가 말한 사실이 인정받을 것이다. 이런 성품은 그들의 하인들과 의존자들에게도 전달된다.

내가 머물던 여주인(베티)는 주교 가문의 가정부나 간호사였으며 최근에 결혼하여 "정착"했다. 이곳과 같은 작은 마을에서는 주교 집안에서 일했다는 것만으로도 일정한 위엄이 있었다. 그래서 내 여주인은 내가 말한 주교의 권위를 넘어

과도한 자부심을 보였다. "우리 주교님"이 무엇을 말했는지, 무엇을 했는지, 의회에서 얼마나 유용했는지, 옥스퍼드에서 얼마나 필수적이었는지 등이 그녀의 하루하루 대화의 중심이었다. 나는 이를 잘 참아야 했다. 하지만, 나 역시 여주인이 주교의 중요성에 대해 내게 제대로 영향을 미치지 못했다고 생각했다. 아마도 나의 무관심을 벌주기 위해 아니면 우연히, 어느 날 내가 간접적으로 연루된 대화를 듣게 되었다.

나는 그녀를 따라 공식적인 자리에 가서 가족에게 예의를 표한 후 식당으로 가 저녁을 마쳤다. 집안에 대해 설명하던 중 그녀는 자신이 방을 세놓았다고 말했을 때, 선한 주교님께서 거주자 선정에 대해 조언을 주셨다고 했다.

"베티, 이곳은 주요 길목에 있기 때문에 많은 아일랜드 사기꾼들이 빚을 피해 영국으로 도망 오고 또 많은 영국 사기꾼들이 빚을 피해 도망가는 길목이니, 이곳을 지나갈 위험한 사람들이 많을 것이다."

합리적인 근거가 있는 조언이었고 나에게 직접적으로 한 말은 아니었다. 하지만 그 뒤에 이어진 말은 불쾌했다.

"오, 주교님." 여주인은 대답했다고 한다.

"저는 이 젊은 신사가 사기꾼일 것 같지는 않아요, 왜냐하면"

잠깐, "저를 사기꾼이라고 생각하지 않는다고요?"

나는 분노에 차서 그녀의 말을 끊으며 말했다.

"앞으로는 그런 걱정할 필요 없도록 해드리지요."

그리고 나는 곧바로 떠날 준비를 했다. 착한 아줌마는 몇 가지 양보를 하려는 듯했으나 내가 그 주교에게 던졌을지도 모를 거친 표현이 그녀의 분노를 일으키자 결국 화해는 불가능해졌다. 나는 주교가 전혀 본 적도 없는 사람에 대해 의심을 품은 것에 크게 화가 났다. 그래서 나는 그에게 그 마음을 그리스어로 전달할까 생각했다. 그리스어로 말하면 내가 사기꾼이 아니라는 걸 어느 정도 증명할 수 있을 것이고 그 주교가 그리스어로 답하게 만들어 내가 그만큼 그리스어를 잘한다는 걸 증명할 수 있을 것이라고 생각했다. 그러나 차분해진 후에는 그런 어리석은 생각을 떨쳐버렸다. 주교가 오래된 하인에게 조언을 하는 것이 옳았고, 그 조언이 나에게 전달되리라고는 생각하지 않았을 것이라는 것을 깨달았다. 또 주교의 말을 그대로 전한 것은 베티 아줌마의 단순한 성격 때문일 것이라 생각했다

그 후 얼마 지나지 않아 나는 런던으로 가게 될 방법을 고안했다. 그리고 이제부터는 내 고통의 후반부이자 더 강렬한 단계가 시작되었다. 너무 과장된 표현은 피하고 싶지만 내가 겪은 걱정의 고통스러움은 말할 수 없을 정도였다. 나는 이제 16주 이상 동안 다양한 강도로 배고픔의 육체적 고통을 겪으며 어쩌면 그 누구도 견딜 수 없는 고통을 겪은 것이라

고 생각할 수 있다. 나는 내 고통을 자세히 설명하려는 의도는 없었다. 이런 극단적인 고통은 어떤 사악한 행동이나 죄가 있어도 묘사하기 어려운 것이라 생각한다. 이때 내가 받았던 고통을 조금이라도 덜어준 것은 몇 조각의 빵이었다. 그것은 아침을 먹고 있던 사람이 조금 나누어 준 것이었는데 그 사람은 내가 엄청나게 배가 고프다는 사실을 몰랐다. 그렇게 간혹 받을 수 있었던 빵조각이 나의 전부였다. 내가 겪은 고통의 초반부(즉, 일반적으로 웨일스에서 그리고 런던에선 처음 두 달 동안)는 집이 없었다. 지붕 아래서 잠을 자는 일은 없었다. 대부분 나는 바깥에 있었고 날씨가 더 차가워지고 비가 많이 내리기 시작했을 때 나는 점점 더 허약해져 갔다.

그때 한 사람은 나를 그의 집에서 잘 수 있도록 허락해 주었다. 집에는 가구가 거의 없었고 유일한 가구는 몇 개의 의자와 테이블뿐이었다. 그러나 내가 그 집에 들어갔을 때 이미 한 명의 어린이가 있었다. 그 어린이는 10살 정도로 굶주린 모습을 보였다. 그런 고통은 종종 아이들을 더 나이 들어 보이게 했다. 이 아이는 나와 함께 어두운 밤을 보낼 것이라며 매우 기뻐했다. 하지만 그 외에는 내가 도와줄 수 있는 것은 아무것도 없었다. 우리는 바닥에 자고 있었으며 침대는 물론, 이불도 없었다. 다만 큰 군인용 망토와 일부 법률 문서들이 있긴 했다. 하지만 추위와 배고픔 속에서 그 아이는 내 곁으로 왔다.

내가 겪었던 고통의 절망적인 순간들 속에서 나는 런던에서 일어난 복잡한 음모들을 여러 차례 목격했다. "주기와 주기의 순환, 하나의 구속에 또 다른 구"와 같은 일들이었다. 나는 그것들을 생각하면 지금도 가끔 웃음이 나오곤 한다. 나는 그런 고통스러운 처지 속에서 있었다. 하지만 나는 그 순간에 웃을 수 있었다. 당시 나는 다른 사람들이 겪은 일반적인 관계를 경험할 수 있는 기회가 거의 없었다. 나는 오직 한 명, 내게 친절했고 힘이 닿는 한 너그럽게 대해주었던 그 사람을 기억하고 있다. 그 사람의 능력은 사실 그다지 크지 않았다. 하지만, 나는 쥐들과 함께 집세를 내지 않고 살았다. 나는 그 집 벽에 붙은 그림의 과일도 한 번도 본 적이 없다. 그러나 나는 그 집에서 모든 방 구석구석을 누릴 수 있었다. 내가 묵었던 그 집은 런던에서 꽤 잘 알려진 곳에 위치해 있었다.

그로부터 세월이 흘러 1821년 8월 16일, 오늘 밤 나는 내 생일에 그 집을 다시 찾아봤다. 이제는 그 집에는 존경받는 가족이 살고 있으며 내가 지나가던 순간 그들은 거실에서는 아마 차를 마시며 즐거운 시간을 보내고 있었을 것이다. 그 집은 18년 전 모습과는 전혀 다른 모습이었다. 당시 그 집의 거주자는 배고픈 학자와 방치된 아이들이었다. 나는 그 아이가 잘살고 있기를 기도하며 지금까지도 그 아이를 찾아보려 했지만, 결국 그 아이의 흔적을 찾을 수 없었다.

그 아이를 찾지 못한 것에 대해 나는 후회하고 있다. 또 찾으려 했던 다른 사람은 지금도 깊은 슬픔으로 남아 있다. 그 사람은 한 젊은 여성으로, 불행히도 매춘의 대가로 살아가던 사람이었다. 나는 그 당시 몇 명의 여성들과 친밀한 관계를 유지했었고, 그들 모두가 불행한 처지에 있었다. 하지만 나는 그들의 존재에 대해 부끄러워하지 않으며 그들과의 관계는 결코 더럽고 부도덕한 것이 아니었다. 나는 그들과의 관계가 인간 본연의 성질을 이해하고 사람들과 친밀하게 소통하는 것이라는 중요한 의미를 찾았다. 당시 나는 이 거리를 많이 걸어 다녔다. 그래서 자연스럽게 거리에서 살아가는 여성들과도 자주 마주쳤다. 그들 중 한 명은 나를 돕기 위해 엄청난 노력을 기울였다. 나는 그 덕분에 오늘날까지 살아있다.

그 여자는 내게 많은 도움을 주었다. 나는 그녀와 함께 밤을 보냈다. 우리는 옥스포드 스트리트를 오가며 시간을 보내며 때로는 계단에 앉아 포르티코 아래에서 머물기도 했다. 그녀는 나보다 나이가 많지 않은 아직 16살을 채우지 않았다고 했다. 나는 그녀의 이야기를 들으며 간단히 그녀의 과거를 알게 되었다.

그녀의 경우는 흔히 있는 일이라고 나는 생각한다. 런던에서 자선 활동이 좀 더 적극적이었다면 그녀의 상황을 해결할 수 있었을 것이고, 법의 힘이 자주 개입되어 그녀의 작은 재산을 빼앗은 잔인한 악당에게 신속하고도 철저히 복수할 것이라고 확신을 주었다. 그러나 런던 자선의 흐름은 깊고 강력하긴 하지만 은밀하고 지하에서 이루어졌기 때문에 쉽게 접근할 수 없었다.

런던 사회의 겉모습과 구조는 거칠고 잔인하며 사람을 배제했다. 그럼에도 나는 그녀가 겪은 고통 중 일부는 쉽게 해결될 수 있다고 보아 그녀에게 자주 진지하게 사건을 법원에 고발하라고 권유했다. 내가 그녀에게 그렇게 말했던 이유는 그녀가 고립된 상태였기 때문이다. 사람들은 그녀에게 주의를 기울여줄 것이며 영국의 정의는 누구에게나 공평하게 그녀의 억울함을 풀어줄 것이라 믿었다. 나는 그녀에게 여러 번 그런 말을 했다. 하지만 그녀는 내 말대로 행동을 취하는 데 주저하고 미루었다. 그녀는 매우 겁이 많았고 어린 마음속에 깊은 슬픔이 자리 잡고 있었다. 아마도 그녀는 가장 정직한 판사나 가장 공정한 법원이라 할지라도 그녀의 고통을 완전히 해결할 수 없다고 생각했을 것이다.

어쨌든 나는 그녀가 나와 함께 판사에게 가기로 결심했다는 말을 듣고 마음이 놓였다. 하지만 그 계획을 실현할 기회는 없었다. 그때 나는 그녀에게 큰 도움을 받고 있었다. 어느 날 밤, 내가 몸이 매우 안 좋고 기운이 빠진 채로 옥스퍼드 가를 걷고 있던 중 그녀에게 소호 광장으로 가자고 말했다. 우리는 그곳으로 가서 한 집의 계단에 앉았다. 그 집의 계단은 지금도 내가 지나갈 때마다 슬픔을 느끼고 그 불행한 소녀에 경의를 표하는 장소로 기억된다. 그때 갑자기 내 상태가 더 나빠지면서 그녀의 품에 기대어 그만 쓰러지고 말았다. 그 순간 나는 강력한 치료나 처치 없이는 당장 죽을 수도 있고, 아니면 나의 처지에서 다시 일어날 희망이 사라질 거라는 확신을 가졌다. 바로 그때 나로 인해 힘들어하던 불행한 소녀는 나를 구하는 손을 내밀었다. 놀란 그녀는 두려움에 소리를 질렀지만 잠시도 망설이지 않고 옥스포드 길가에 있는 상점으로 달려가 상상할 수 없을 만큼 빠르게 돌아와 내게 포트 와인과 향신료가 섞인 음료를 가져다주었다. 그 음료는 내 빈 속에 즉각적으로 기운을 북돋워 주었다. 이 음료를 가져오기 위해서 그녀는 자신의 가난한 주머니를 완전히 털었다. 그녀는 당시 생활에 필요한 물건을 살 수 없을 만큼 어려운 상황이었다.

그녀의 선행을 나는 결코 잊지 못할 것이다. 그렇게 살아난 나는 몇 년 동안 외롭고 고요한 장소에 서서 그녀를 떠올리며 가슴이 아프고 완전한 사랑으로 그녀를 그리워했다. 그녀에 대한 깊은 사랑과 슬픔을 느낄 때마다 나는 고대 시대 아버지의 저주가 초자연적인 힘을 가지고 그 대상을 끈질기게 쫓아간다고 믿었던 것처럼, 나에게 은혜를 베푼 너에게도 초자연적인 축복의 힘이 있었으면 좋겠다. 그 힘이 너를 런던의 음침한 창녀굴 속이나 무덤 속의 어두운 곳까지 쫓아가 너를 깨우고 진정한 평화와 용서의 메시지를 전할 수 있기를 바랐다.

나는 자주 울지 않는다. 인간의 주요한 관심사와 관련된 주제에 대한 내 생각은 매일, 아니 매시간, 눈물을 흘릴 만큼 깊고 강한 감정을 자극하지 않는다. 나의 사고 습관은 감정을 자극하는 것과 상반되는 경향이 있다. 또한, 나는 인간의 고통에 대해 깊이 숙고한 마음들은 절망을 피하기 위해 인간이라는 존재의 미래에 대해 진정성을 가지고 믿음을 키워왔을 것이라 믿는다. 그렇기 때문에 나는 지금까지도 힘차게 지내며 거의 울지 않는다. 그러나 어떤 감정들은 더 깊어져 격렬하진 않더라도 조그마한 일에도 예민해지기도 한다. 종종 옥스포드 가를 걸으며 과거에 내 친한 친구가 좋아하던 동요가 바렐 오르간에서 들릴 때면 나는 눈물을 흘리곤 한다. 그리고 우리가 그렇게 갑작스럽게 영원히 헤어졌다는 사실에 대해 깊은 생각에 잠기게 된다.

그녀와의 마지막 사건 이후 나는 앨버마를 거리에서 한 왕실의 고위 인사를 만났다. 이 인사는 내 가족과 여러 차례 친분을 쌓은 인물로 나와 가족의 닮은 점을 발견하며 나에게 말을 걸었다. 그와의 만남은 나를 새로운 국면으로 이끌었다. 그는 나에게 진심 어린 조언과 함께 변호사의 주소를 알려주며 도움을 약속했다. 그렇게 나는 그의 조언을 받들어

내 주소를 알려주었다. 다음 날, 그는 내게 10파운드짜리 은행권을 보냈다. 나는 이 돈을 변호사에게 전달했으며, 그는 의심 없이 그 금액을 나에게 건네주었다. 이 작은 선물은 내가 런던에 온 목적과 자연스럽게 연결되었으며 극한의 가난 속에서 내가 잊고 있었던 가족과의 연결과 관계를 되새기게 했다. 나는 그때 왜 더 일찍 가족의 친구나 내 능력을 활용하지 않았는지 스스로에게 의문을 품으며, 비로소 새롭게 마음을 다잡게 되었다.

그러나 나는 가족의 보호를 받는 것과 후견인들에게 돌려보내지게 되는 상황을 가장 두려워했다. 나는 그것이 굴욕적이고 죽음보다 더 고통스러울 것을 생각했다. 그래서 나는 가족에게 요청하는 것을 피했다. 하지만 그들의 도움을 받기 위한 방법을 찾지 않았다.

런던에는 내 아버지의 옛 친구들이 있었다. 하지만 그가 죽은 지 10년이 지났고 나는 그들의 연락처조차 기억하지 못했다. 그래서 나는 이 방법을 선택하지 않고 다른 방법을 떠올리려 했다. 그리고 런던에 가본 적은 한 번으로 단지 몇 시간 동안 머물렀을 뿐이라, 그 몇 명의 주소도 알지 못했다. 그리스어 교정원으로서(다른 방법이 아니더라도) 나는 분명히 내 소박한 필요를 충족할 만큼 충분히 벌었을 것이다. 그런 일을 나는 모범적이고 정확하게 해낼 수 있었고, 이는 내 고용주들에게 곧 신뢰를 얻는 결과를 가져왔을 것이다. 그러나 그와 같은 일을 하려면 먼저 신뢰할 수 있는 출판사로부터 소개장을 받아야 했기에 나는 그걸 얻을 방법이 없었다. 사실, 내게 문학적인 일들이 수익을 창출하는 원천이 될 거라고는 한 번도 생각해본 적이 없었다. 나는 빠른 시간 안에 돈을 얻을 방법으로 내 미래의 청구권과 기대를 바탕으로 빌리는 방법만을 생각했다. 나는 이 방법을 실현하기 위해 모든 방법을 동원했다. 그 중 한 사람인 D라는 유대인에게도 부탁을 했다.

이 유대인과 다른 광고 대출업자들에게(그중 일부는 아마 유대인일 것이다) 나는 나의 미래에 대한 기대에 대한 설명을 하며 부탁했다.

그 유대인에 대해 말하자면, 18개월 후 내가 같은 사업으로 다시 그에게 요청을 했을 때, 내가 존경받는 대학에 소속되었다는 이유로 진지한 관심을 보여준 인물이었다. 내가 필요로 했던 것은 어떤 사치나 젊은 시절의 경솔한 행동에서 비롯된 것이 아니었다. 오히려 그것은 내 후견인의 복수적인 악의에서 비롯된 것이었다. 후견인은 내가 대학에 가는 것을 더 이상 막을 수 없게 되자 내게 학교에서 받는 연 100파운드를 제외한 추가적인 한 푼을 주지 않겠다고 서명하며 그의 좋은 성격을 보여주었다. 그 당시의 금액으로는 대학에서 생활하는 것이 간신히 가능했으며 나에게는 과시적인 소비나 비싼 취향이 없었다. 하지만, 나는 하인들에게 다소 과도하게 의존하며 세세한 경제적 관리에는 관심이 없었다. 그러한 이유로 대학 생활에 필요한 최소한의 경비를 제외하고는 경제적으로 어려움을 겪을 수밖에 없었다. 결국, 나는 대출업자와 긴 협상을 끝내고(그 일부는 시간이 있다면 내 독자들에게 큰 재미를 줄 수 있을 것이다), 그가 제시한 '정상적인' 조건으로 대출금을 받게 되었다.

이 조건은 그 유대인이 제공한 모든 금액에 대해 17.5%의 연금을 받는 것이었다. 유대인은 자신이 베푼 관대한 배려로 그 금액 중에서 약 90구니의 돈을 변호사 수수료 명목으로 차감했고(그 서비스가 누구에게, 언제 제공되었는지, 예루살렘을 포위할 때였는지, 두 번째 성전을 건설할 때였는지, 아니면 더 이전의 일이었는지는 아직도 밝혀지지 않았다.) 이 청구서가 몇 퍼치[4](perches)인지 나는 정말로 기억하지 못했다. 하지만, 여전히 그것을 자연사 표본을 보관하는 캐비닛에 보관하고 있으며, 언젠가 그것을 대영박물관에 기증할 생각이다.

나는 받은 돈의 일부를 내 대출업자 친구에게 주었는데 그는 내가 떠나는 동안 서류를 준비할 수 있도록 우표를 사야 한다고 주장했다. 나는 그가 거짓말을 하고 있다는 것을 알았다. 하지만 일의 지연을 내 탓으로 돌리게 하고 싶지 않았

4) 영국식 단위로 1 perch ≈ 5.03m (16.5 feet). 주로 토지 측량에서 사용됨. 여기서는 "청구서의 길이가 몇 미터인지"를 비꼬아 표현한 것.

다. 나는 변호사에게 약간의 금액을 지불했는데, 이는 그가 불만을 품었던 숙소에 대한 보상을 받을 자격이 있었기 때문이다. 그 외의 금액 일부는 내 의류를 새로 사는데 사용했고, 남은 돈 중 일부는 앤에게 주었다. 나는 돌아온 후 그녀와 남은 돈을 나누기로 약속했다.

이 모든 준비가 끝나고, 어두운 겨울 저녁 6시가 조금 지나서 나는 앤과 함께 피카딜리 방향으로 출발했다. 내 계획은 배스나 브리스틀 마차를 타고 솔트 힐에서 쉐러드 스트리트까지 가는 것이었다. 우리의 길은 이제 모두 사라져버린 도시의 한 부분을 지나갔기 때문에 그 옛 경계를 다시 찾을 수는 없었다. 그곳은 아마 스왈로우 스트리트라고 불렸던 곳이었다. 하지만 우리는 시간 여유가 있었기 때문에 왼쪽으로 방향을 틀어 골든스퀘어로 들어갔다. 그곳에서 쉐러드 스트리트 모퉁이 근처에 앉아, 피카딜리의 혼잡하고 눈부신 불빛 속에서는 헤어지기를 원하지 않았다.

나는 그녀에게 내 계획을 한참 전에 이야기했었다. 그리고 지금, 만약 내가 어떤 행운을 만난다면 그녀도 그 행운을 함께 누릴 것이라고 다시 한번 확신시켜주었다. 또 내가 그녀를 보호할 능력이 생기면 결코 그녀를 버리지 않겠다고 다짐했다. 나는 그것을 의무감만이 아니라, 마음에서 우러나서 진심으로 생각했다. 감사함을 제외하고라도 그녀는 어떤 경우에도 내게 평생의 은혜를 입힌 존재였고 나는 그녀를 내

여동생처럼 애정 깊게 사랑했다. 그리고 지금은 그녀의 극심한 우울함을 보며 더욱 깊은 일곱 배[5]의 애정을 느끼고 있었다. 나는 분명히 더 우울할 이유가 있었는데, 내 생명의 구세주인 그녀를 떠난다는 사실이 그랬다. 하지만 내 건강이 받을 충격을 생각하며 나는 오히려 기운을 내고 희망에 찬 모습이었다. 이렇게 나와의 이별을 앞두고 자신을 위한 이득을 생각하지 않고 오직 친절과 형제애로만 대했던 사람을 떠나야 했던 그녀는 슬픔에 잠겨 있었다. 그래서 마지막 작별 인사를 하며 나는 그녀에게 키스했고, 그녀는 아무 말도 없이 내 목에 팔을 감고 눈물을 흘렸다. 나는 일주일 이내에 돌아올 수 있을 것이라고 생각했다. 그녀와는 그로부터 다섯 번째 날, 그리고 그 이후 매일 밤 여섯 시에 그리트 티치필드 거리 하단 근처에서 나를 기다리기로 약속했다. 그곳은 우리가 자주 만났던, 마치 우리의 약속의 장소 같았던 곳이었다.

이와 같은 예견하고 조치들을 취했으나, 하나를 잊었다. 나는 그녀의 성을 전혀 묻지 않았거나(별로 중요하지 않다고 생각했기 때문에) 잊어버렸다. 사실, 그녀와 같은 처지에 있는 낮은 신분의 소녀들은 자신을 "미스 더글라스", "미스 몬타규"와 같이 소설을 읽는 상류층 여성들처럼 부르지 않고 단지 기독

5) 숫자 7은 여러 문화와 종교에서 완전함, 충만함, 신성함을 상징한다. 성경에서는 7일 동안 세상이 창조되었으며, 동양에서도 길한 숫자로 여겨진다. 문학에서도 "7배"라는 표현은 단순히 많다는 뜻을 넘어, 최대치에 가까운 감정의 증폭을 나타내는 데 쓰인다.

교 이름인 "메리", "제인", "프랜시스" 등으로 부르는 것이 일반적이다. 그녀의 성은 그녀를 추적하는 데 있어 가장 확실한 방법이었지만, 사실 나는 우리 사이가 짧은 이별로 인해 헤어지게 되거나 불확실해질 것이라고 생각하지 않았기에 그것이 필요하다는 생각을 거의 하지 않았다. 그래서 이 마지막 만남에서 아무것도 메모하지 않았고 내 모든 걱정은 그녀에게 희망을 주고, 그녀가 앓고 있던 심한 기침과 쉰 목소리에 필요한 약을 구하도록 하는데 집중되었다. 결국, 그것을 기억하기에는 너무 늦었다.

1. 아편의 즐거움

내가 글로스터 커피하우스에 도착했을 때는 여덟 시가 조금 지나고 있었고 브리스톨 마차는 출발 직전이었다. 나는 마차 외부에 올라탔다. 이 마차의 부드러운 움직임 덕분에 나는 금세 잠에 빠졌다. 이 마차에서 처음으로 경험한 편안하고 상쾌한 잠은 내가 몇 달 동안 누리지 못한 잠이었다. 지금은 그 자리가 꽤 불편하다고 느끼지만 말이다. 이 잠과 관련된 작은 사건이 하나 있었다. 그것은 내가 인생에서 큰 고난을 겪어본 적이 없는 사람이라면 인간의 마음의 선함을 알지 못할 수도 있다는 점을 확실히 깨닫게 해

주었다. 사람들의 본성을 이해하려면 그들의 다양성이 너무나 크기 때문에 관찰자는 그 차이를 잘 알지 못할 수 있다.

그 사건은 이러했다. 런던을 떠난 후 처음 4.5마일 동안 나는 마차가 기울어질 때마다 내 옆 사람에게 가끔 부딪혔다. 그는 이 불편에 대해 크게 불평했다. 그는 상황이 그렇게 심각하지 않았음에도 불구하고 지나치게 화를 냈다.

만약 그때 내가 그와 헤어졌다면, 나는 그 사람에 관해 그다지 생각하지 않았을 것이다. 그러나 나는 그에게 일부 원인을 제공한 것에 대해 죄책감을 느꼈다. 그래서 나는 그에게 사과하고 앞으로는 잠이 들지 않도록 노력하겠다고 말했다. 그리고 내가 병에 걸려 몸이 약해져서 안쪽 자리로 갈 수 없다고 설명했다. 이 설명을 듣고 나자 그의 태도는 즉시 변했다. 다음에 내가 다시 잠에서 깨어나 혼잡한 하운슬로우(런던 서부에 위치한 지역 이름)의 소리와 불빛 속에서 정신을 차렸을 때 그는 내 옆에 팔을 감아 나를 떨어지지 않도록 보호하고 있었다. 그 후 여행 내내 그는 나에게 여성과 같이 부드럽게 나를 대해 주었고 나는 거의 그의 품에 안겨 있었다.

그는 내가 바스나 브리스틀까지 가지 않는다는 것을 알지 못했기 때문에 더욱 친절했다. 불행히도, 나는 원래의 계획보다 더 멀리 가게 되었다. 마차에서의 잠은 나에게 너무 상쾌하고 기운을 북돋워 주었기 때문에 하운슬로우를 지나고 완전히 깨어난 것은 갑자기 우편물 마차의 멈춤 소리와 함께였다.(아마도 우체국에 들렀을 것이다) 나는 우리가 메이든헤드에 도달했음을 알았다. 그곳은 샐스힐에서 6, 7마일 정도 앞이었다. 나는 그곳에서 내렸고, 우편물 마차가 멈춘 30분 동안 내 친절한 동행자는(피카딜리에서 내가 잠깐 봤을 때 그는 신사의 집사나 그와 비슷한 직급의 사람으로 보였다.) 나에게 즉시 잠자리에 들라고 간청했다. 나는 이를 약속했지만 사실 잠자리에 들 생각이 없어 곧바로, 아니, 사실 뒤로 걸어 나갔다. 그때는 거의 자정이었지만 나는 너무 느리게 걸었기 때문에 슬로우에서 이튼으로 가는 길로 들어가기 전에 시계가 4시를 칠 때까지 걸어갔다. 시원한 공기는 나를 기운 나게 했다. 하지만 나는 지쳐 있었다. 그때 나는 내 가난에 대해 조금 위로가 되는 생각을 했다. 그것은 꽤 명확했다.

얼마 전 하운슬로우 히스 근처에서 살인 사건이 있었다. 내가 틀리지 않았다고 생각하는데 그 살해된 사람의 이름은 스틸이고, 그 사람은 그 지역의 라벤더 농장 주인이었다. 내 발걸음이 계속해서 히스로 다가가자 자연스럽게 생각이 들었다. 만약 그 밤에 내가 피고인인 살인자라면, 우리는 어둠 속에서 서로 몰래 다가가고 있을지도 모른다고. 그랬다면, 나는 스스로 말했을 것이다. 하지만 내가 버림받은 사람으로 여겨지지 않는다면 그 살인자일 수도 있었겠지만, 내가 도망자는 아니라는 사실은 확실했다. 어둠 속에서 나와 그 범죄자가 맞닥뜨리면 나는 그저 또 다른 운명의 비참한 희생자로서의 존재일 뿐일지도 모른다고 생각했다. 그러나 나는 그저 길을 걷고 있을 뿐이었다.

그 아무리 희미한 길일지라도, 길이란 결국 그곳에서 끝을 맺을 테니까. 살인자와 피해자는 내가 아닐 수도 있었다. 하지만 나는 이 모든 일에서 결국 벗어날 수 없다는 것을 알고 있었다. 나는 살아야만 했다. 살아야만 할 이유가 있었다. 내게 남은 길을 떠나가는 사람들, 그들의 발자취가 내가 어디로 가야 하는지 알려줄 것이다. 그 길을 따라가면, 나는 마침내 내가 갈 곳을 찾을 수 있을 것이다. 그들이 남긴 흔적이 나를 이끌 것이며, 나는 그 길을 따라가면서 과거와 현재를 이어가는 의미를 발견하게 될 것이다.

우리가 무의식적으로 어둠 속에서 서로 다가가고 있을지도 모른다는 생각이 들었다. 그럴 경우, 나는 이렇게 말할 것이다. 나는 (사실 나는) 거의 부랑자와 다름없는 사람이라고…

만약 귀족 작위를 가진 내 친구처럼 연간 70,000파운드를 상속받을 사람이라면 지금 이 순간 내 목숨에 대한 공포로 얼마나 당황했을지 상상할 수 있다. 사실, 그가 내 처지에 있을 일은 없겠지만 이 말의 뜻은 여전히 진리이다. 엄청난 권력과 재산은 사람을 부끄럽게 죽음을 두려워하게 만든다. 많은 가장 용감한 모험가들은 불행하게도 가난하여 천성적인 용기를 온전히 사용할 수 있는 사람들임에도 불구하고 기량을 펼치지 못한다. 만약 전투에 나가려는 순간 그들이 영국에서 연 수입 5만 파운드를 소유한 사람이라면 총탄에 대한 두려움으로 인해 평정심과 자제력을 유지하기가 어려울 것이다. 이는 두 가지 운명을 모두 경험해 본 현자의 진실 된 말처럼 받아들여진다. 부(富)는 도덕적 미덕을 이완시키고 그 날카로움을 무디게 할 뿐 찬사를 받을 만한 행동을 이끌어 내는 유혹을 주지는 않는다.

"미덕을 느슨하게 하고 그 날카로움을 둔화시키지, 칭찬을 받을 일을 하게 하지는 않는다."

-Paradise Regained, 존 밀턴

내가 이 주제를 두고 머뭇거리며 시간을 보내는 이유는 나 자신에게 있어 이 시절의 기억이 매우 깊은 흥미를 불러일으키기 때문이다. 하지만 독자가 더 이상 불편할 이유가 없도록 이제 이 이야기를 서둘러 끝맺겠다.

슬라우(Slough)와 이튼(Eton) 사이의 도로에서 잠든 나는 새벽이 막 시작될 무렵 한 남자의 목소리에 의해 깨어났다. 그는 나를 내려다보고 있었는데 그가 누구인지는 알 수 없었다. 그는 불쾌해 보이는 사람이었다. 하지만, 그렇다고 반드시 악의를 품은 사람이라고 단정할 수는 없었다. 아니, 만약 그가 그런 사람이라 해도 아마 겨울에 야외에서 자는 사람은 도둑질할 가치가 없다고 생각했을 것이다. 그러나 그의 판단이 나에 관해서는 틀렸다고, 만약 그가 내 독자 중 한 사람이라면 그에게 확신 있게 말하고 싶다.

그는 간단히 말을 건넨 후 지나갔다. 그리고 나는 그가 방해하지 않았다고 생각했다. 왜냐하면, 그 덕분에 사람들 대부분이 아직 잠들어 있는 시간에 이튼을 지나갈 수 있었기 때문이다. 밤은 무겁고 흐린 상태였다. 하지만, 새벽 무렵에는 약간의 서리가 내리며 변했다. 땅과 나무들이 서리로 뒤덮인 모습을 하고 있었다.

나는 아무도 모르게 이튼을 빠져나와 윈저(Windsor)에 있는 작은 선술집에서 세수하고 옷차림을 가능한 한 단정히 했다. 그리고 약 오전 8시쯤 포츠(Pote's)로 향했다.

가는 길에 나는 어린 이튼 학생 몇 명을 만나 그들에게 질문을 했다. 이튼 학생은 언제나 신사다. 그래서 내 초라한 옷차림에도 불구하고 그들은 나에게 공손히 대답해 주었다. 내가 만나려던 친구는 대학을 떠나고 없었다.

"거기서 모든 노력이 허사로 끝났다!"

그러나 나는 이튼에 다른 친구들도 있었다. 하지만 사람이 어려움에 처했을 때 누구에게나 자신을 내보일 수 있는 것은 아니다.

나는 이내 자신을 돌아보며 귀족인 D경을 찾았다. 비록 그와의 친분이 다른 친구들만큼 깊지는 않았지만 어떤 상황에서도 그에게 나를 드러내는 것이 두렵지 않았다. 그는 여전히 이튼에서 케임브리지로 떠날 준비를 하고 있었다고 믿는다.

내가 그의 집에 찾아가자 그는 나를 친절히 맞아 주었다. 그리고 아침 식사를 초대받았다.

여기서 잠시 멈추고 독자가 잘못된 결론을 내리지 않도록 주의하고자 한다. 내가 여러 귀족 친구들을 언급한 것이 계기가 되어 독자가 내가 어떤 고귀한 혈통이나 지위를 가지고 있다고 생각하지 않기를 바란다. 나는 그런 것이 없다는 것을 하나님께 감사한다. 나는 평범한 영국 상인의 아들로 생전에는 큰 성실함으로 존경받았고, 아버지는 문학적 추구에 깊이 몰두했던 사람이다.(사실, 그는 익명으로 저술을 하기도 했다). 만약 아버지가 더 오래 살았다면 아마도 큰 부자가 되었을 것이라 생각한다. 하지만, 그의 요절로 인해 약 3만 파운드가 7명의 상속인 사이에 나뉘어졌다. 나의 어머니에 대해 말하자면 그녀는 더 뛰어난 재능을 가졌다고 자랑스럽게 언급할 수 있다.

어머니는 스스로를 문학적인 여성이라 주장하지는 않았다. 하지만, 나는 어머니를 (많은 문학적 여성들이 그렇지 못한) 지적 여성이라 감히 부를 것이다. 만약 어머니의 편지들이 모아져 출판된다면 그것들은 아마도 강한 남성적 통찰력과 순수한

"모국어 영어"로 표현된 내용으로 레이디 M. W. 몬태규의 편지들에 포함해도 좋을 만큼 뛰어나다고 여겨질 것이다.

이것이 내가 물려받은 명예이다. 나는 그 외의 다른 명예는 없었다. 그리고 그것이 없음을 하나님께 진심으로 감사한다. 왜냐하면, 내 판단에 의하면 사람이 동료들보다 너무나도 높은 지위를 가지는 것은 도덕적이거나 지적 자질에 가장 유리한 환경이 아니기 때문이다.

2. 아편의 고통

내 친구 D경은 나에게 매우 화려한 아침 식사를 차려주었다. 실제로도 그랬지만 내 눈에는 그 음식들이 몇 배나 더 엄청나 보였다. 이는 몇 달 만에 처음으로 제대로 된 식사로 "훌륭한 사람의 식탁"에 앉았기 때문이다. 하지만 이상하게도 나는 거의 아무것도 먹을 수 없었다.

처음 10파운드짜리 은행권을 손에 넣었을 때 나는 빵집에 가서 롤빵 두 개를 샀다. 이 빵집은 2기니가 없어서 못해 6주 전에 내가 거의 굴욕적일 정도로 간절히 바라보던 곳이었다. 나는 오트웨이(Otway)의 이야기를 기억하며 너무 급하게 먹는 것이 위험할 수도 있다고 생각했다. 하지만 그런 걱정은 불필요했다. 내 식욕은 완전히 사라졌고 구매한 빵의 절

반도 먹기 전에 속이 메스꺼웠다.

그 뒤로 몇 주 동안 나는 식사다운 식사를 할 때마다 이런 증상을 겪었다. 메스꺼움이 없을 때에도 내가 먹은 일부는 종종 위산과 함께 또는 즉시 배출되었다. 현재 D경의 호화로운 음식들 속에서도 나는 평소와 다를 바 없이 식욕이 전혀 없었다. 그러나 불행히도 나는 항상 와인에 대한 갈망이 있었다. 나는 D경에게 나의 상황을 설명하며 최근의 고난에 대해 간략히 이야기했다. 그는 큰 동정심을 표현하며 와인을 가져오도록 했다.

이것은 순간적인 안도와 즐거움을 주었다. 기회가 있을 때마다 나는 와인을 마셨고, 그것을 숭배하기까지 했다. 이는 내가 나중에 아편을 숭배했던 것과 같은 방식이었다. 그러나 나는 이 와인에 대한 탐닉이 내 병을 강화하는 데 기여했다고 확신한다. 내 위장의 상태는 완전히 약화되었다. 내가 이러한 생활이 아닌 더 나은 식습관을 가졌다면 더 빨리, 그리고 아마도 효과적으로 회복될 수 있었을 것이다.

나는 내가 와인을 좋아하기 때문에 이튼 근처에 머물러야겠다고 생각하고 싶지 않다. 당시 나는 D경에게 도움을 요청하는 것이 아니라고 스스로를 설득했었다. 내가 이튼으로 내려온 이유는 특정한 도움을 요청하기 위함이었다. 그러나 이 요청을 하기에 나는 D경에게 충분한 권리를 가지고 있지 않음을 자각하고 있었다. 하지만 나는 이 여정을 헛되이 하고 싶지 않았기에 결국 도움을 요청했다.

D경은 선천적으로 한없이 친절한 사람이었다. 나에 대한 그의 친절은 아마도 나의 처지에 대한 동정심과 그의 친척들과의 친분으로부터 비롯된 것이지 내가 직접적으로 요구할 수 있는 권리가 있는 것은 아니었다. 그래서 그는 이 요청에 망설였다. 그는 돈을 빌리는 사람들과 거래하는 것을 좋아하지 않는다고 했다. 그런 거래가 그의 지인들에게 알려질까 걱정했다. 또한, 자신의 기대치가 나의 비기독교적 친구들에게 통용될지 의심했다. 하지만 그는 나를 완전히 거절하고 싶지 않은 듯 보였고, 약간의 숙고 끝에 특정 조건하에서 보증을 제공하겠다고 약속했다.

D경은 당시 18세가 되지 않았다. 하지만 그가 이번 일에서 보여준 이성적 판단과 신중함은 성숙한 외교가조차 감탄할 만한 수준이었다. 많은 사람은 이런 부탁을 받을 때 사라센인[6]의 얼굴처럼 엄격하고 불길한 표정으로 응대하기 마련이다.

D경의 약속은 내가 상상했던 최선의 결과에는 미치지 못

6) 사라센인은 중세 유럽에서 무슬림, 특히 아랍인과 터키인을 통칭하던 용어이다. 어원은 라틴어와 그리스어에서 유래했으며, 초기에는 아랍 북부 유목민을 가리켰으나 이후 이슬람 세계 전체를 뜻하게 되었다. 십자군 시대에 이슬람 세력을 적대시하는 표현으로 자주 사용되었다. 중세 문학과 역사에서는 이교도와의 대립을 상징하는 용어로 쓰였다. 현대에는 부정적 뉘앙스 때문에 거의 사용되지 않는다.

했으나 최악의 상황보다는 훨씬 나은 것이었다. 이 약속에 위안을 얻은 나는 윈저의 마차를 타고 런던으로 돌아왔다. 그것은 내가 런던을 떠난 지 사흘 뒤였다.

이제 이야기를 끝맺을 차례다. 유대인들은 D경의 조건을 마음에 들어 하지 않았다. 그들이 최종적으로 조건을 받아들이기 위해 시간 끌기를 했던 것인지, 아니면 적합한 조사를 위한 시간을 요구했던 것인지는 모르겠다. 그러나 오랜 지연으로 시간이 흐르며 나의 은행 잔고는 점점 줄어들었다.

3. 앤의 행방

그동안 가련한 앤은 어떻게 되었을까? 그녀에 대해서는 마지막 말을 아끼고자 한다. 우리의 약속에 따라 나는 런던에 있는 동안 그녀를 찾아 매일 밤 티치필드 거리 모퉁이에서 그녀를 기다렸다. 나는 그녀를 알만 한 사람에게 모두 물어보았고, 런던에서 머무는 마지막 시간 동안 내가 런던에서 취할 수 있는 모든 방법을 동원하여 그녀를 추적했다. 그녀가 살았던 거리는 알았으나 그 집은 알지 못했다. 그리고 마침내 나는 그녀가 집주인에게 학대를 당한 이야기를 기억해냈고 그것은 우리가 헤어진 후 그녀가 그 집을 떠났을 가능성을 시사했다. 그녀는 아는 사람이 거의 없었다. 많은 사람이 내 질문을 웃음거리나 가벼운 태도로 받아들였다. 일부는 내가 몇 가지 사소한 물건을 훔친 여자애를 쫓고 있다고 생각해 그녀에 대한 실마리를 알고 있으면서 주지 않으려 했다. 마침내 내가 런던을 떠날 때, 나는 앤을 한 번이라도 본 적이 있을 만한 유일한 사람에게 내가 거주하던 주소를 전달했다. 그러나 지금까지 그녀에 대한 어떤 소식도 듣지 못했다. 이것은 내가 겪은 여러 가지 괴로움 중 가장 큰 고통이었다. 만약 그녀가 살아있다면 우리는 아마도 런던의 거대한 미로 속에서 같은 순간에 서로를 찾고 있었을 것이다. 서로 몇 발자국 떨어져서 말이다. 런던 거리에서 그 정도의 거리 차이는 종종 영원한 이별을 의미한다!

몇 년 동안 나는 그녀가 살아 있기를 희망했다. 나는 '무수한' 얼굴에서 그녀를 찾아다녔던 셈이다. 만약 어느 순간 그녀를 본다면 그녀가 백 명의 사람 중에 있더라도 바로 그녀를 알 수 있을 것이다. 그녀는 아름답지 않았지만 달콤한 표정과 독특하고 우아한 머리를 가졌기 때문이다. 나는 희망을 품고 그녀를 찾았다. 그렇게 몇 년을 보냈다.

하지만 이제 나는 그녀를 보기를 두려워한다. 내가 그녀와 헤어졌을 때 그 괴로웠던 몸부림은 이제 내 위로가 되었다. 이제 나는 그녀를 더 이상 보고 싶어 하지 않는다. 이렇게 된 것을 더 기쁘게 생각한다. 마치 그녀가 이미 무덤에 누워 있듯 나는 그녀를 기억한다. 내가 바라는 것은 그녀가 고통과 잔혹함에 의해 그녀의 순수한 본성이 훼손되기 전에 막달레나[7)]처럼 일찍 떠났기를 바란다.

7) 막달레나는 일반적으로 기독교 전통에서 중요한 인물인 막달라 마리아(Mary Magdalene)를 가리킨다. 그녀는 신약성경에서 예수 그리스도의 제자로 묘사되며, 부활 후 예수를 가장 먼저 목격한 인물로 유명하다. 이 이름은 종종 회개, 헌신, 그리고 영적 변화를 상징하며, 많은 문학과 예술 작품에서도 영감을 준 주제이다. 또한, 막달레나는 스페인어권 국가에서 흔한 여성 이름으로도 사용된다.

3장

옥스퍼드 거리,
돌처럼 차가운 계모여

1. 일렉트라
2. 아편의 진실
3. 영국 아편 먹는 사람의 고백

3장

옥스퍼드 거리, 돌처럼 차가운 계모여

옥스퍼드 거리의 차가운 돌처럼 냉혹한 계모여! 고아들의 한숨을 듣고, 아이들의 눈물을 마시는 그 거리여! 나는 너를 떠났다. 이제 나는 너의 끝없는 거리를 괴로움 속에서 걷지 않을 것이다. 나는 더 이상 굶주림의 고통 속에서 깨어나지 않을 것이다. 그 후 내 발자취를 따라 새로운 이들이 나타났을 것이다. 나와 앤의 고난을 이어받은 사람들일 것이다. 다른 고아들이 한숨을 쉬고 눈물을 흘렸다. 옥스퍼드 거리는 분명히 그들의 신음소리로 가득 찼을 것이다.

그러나 나에게 있어 내가 겪은 폭풍우는 길고 평화로운 날씨를 암시하는 약속이었다. 내가 겪은 조급한 고통은 많은 세월을 대가로 지불한 값이며 여러 해를 고통 없이 보내기 위한 가치였다. 내가 다시 런던을 걸을 때 나는 고독하고 사색하는 사람으로서 평온하고 마음의 평화를 느꼈다.

비록 내 첫 번째 런던 생활에서 겪은 고통들이 내 몸에 뿌리내려 나중에는 그것이 다시 일어나 나의 마지막 세월을 어둡고 유해한 그늘로 덮었다. 하지만 그 두 번째 고통의 공격들은 더 단단해진 인내력과 성숙해진 지혜 그리고 깊고 다정한 애정의 위로와 함께 맞섰다. 그러나 몇 년 후에도 여전히 고통의 뿌리에서 연결된 채 나는 그 고통의 본질을 더욱 이해하게 되었다.

I. 일렉트라

그 무거운 밤의 감시 속에서 너는 나의 일렉트라[8]가 되어야 했다. 사랑하는 M, 나의 후반 인생의 소중한

8) 일렉트라(Electra)는 그리스 신화와 문학에서 등장하는 여러 중요한 인물 중 한 명이다. 가장 잘 알려진 일렉트라는 아가멤논의 딸로, 에우리피데스와 소포클레스의 비극에서 주요 인물로 다뤄진다. 그녀는 어머니 클리타임네스트라와 그녀의 애인 아이기스토스가 아버지 아가멤논을 살해한 후 오빠 오레스테스를 도와 아버지의 복수를 이루는

동반자여 너는 나의 일렉트라였다! 너는 마음의 고귀함이나 깊은 애정에서 그리스의 자매가 영국의 아내를 능가하지 않도록 허락하지 않았다. 너는 친절의 겸손한 봉사나 가장 부드러운 애정의 하찮은 일을 꺼리지 않았고, 열로 인해 바싹 마른 입술을 적셔주는 일, 혹은 수년 동안 이마에 쌓인 건강에 해로운 이슬을 닦아주는 일을 마다하지 않았다. 너는 심지어 너의 평화로운 잠이 내 끔찍한 환상과 그림자 같은 적들과의 대결로 감염되었을 때나 "더 이상 잠들지 말라!"는 외침에 시달렸을 때조차도 불평이나 불만을 토하지 않았고, 너의 천사 같은 미소를 거두지도 않았으며 나에게 사랑의 봉사를 베푸는 것을 두려워하지 않았다. 일렉트라는 그리스 여인이고 인간 왕의 딸이었음에도 때때로 눈물을 흘리며 얼굴을 옷자락에 숨기기도 했다. 하지만 그 모든 고통은 지나갔다. 너는 이제 우리가 겪었던 고통의 시절을 더 이상 돌아오지 않을 괴로운 꿈의 전설처럼 읽게 될 것이다. 나는 다시 런던에 있다. 다시 나는 밤마다 옥스퍼드 거리를 걷고 있다. 종종 내 철학과 너의 존재의 위안이 필요할 때 너와 나는 300마일이나 떨어져 있다. 나는 3개월의 고독을 견디고 있다는 사실을 기억하며 옥스퍼드에서 북쪽으로 이어지는 거리를

이야기로 유명하다. 이는 "일렉트라 콤플렉스"라는 심리학 개념의 기원으로도 사용된다. 또한, "일렉트라"는 다양한 문학, 오페라, 연극 작품의 제목으로 사용되며 강렬한 복수심과 가족의 비극을 상징하는 대표적인 캐릭터이다.

바라본다. 그리고 그때 나는 내 젊은 시절의 괴로운 외침을 떠올린다. 내가 그때 보지 못했던 너는 그때와 같은 골짜기에 앉아 있을 것이며, 내 마음이 오직 향하는 바로 그 집에서 지낼 것이다. 비록 눈이 멀어 최근엔 흩어진 상태였지만 그때의 내 마음이 지금 다시 보게 되는 것처럼 내가 바랐던 것에 대한 의미를 새롭게 해석할 수 있을 것 같다. 어린 시절의 중요한 소망을 다시 꺼내 본다면, 나는 다시 북쪽을 바라보며 속으로 말할 것이다.

"아, 내게 비둘기의 날개라도 있었으면."

2. 아편의 진실

아편을 처음 먹었던 때는 이미 오래 전이다. 만약 그 일이 내 인생에서 사소한 일이었다면 그 날짜를 잊었을지도 모른다. 하지만 중요한 사건은 잊히지 않으며 그와 관련된 사건들을 통해 나는 그것이 1804년 가을에 일어났음을 기억한다. 그 때는 내가 대학에 입학한 이후 처음으로 런던에 왔던 때였다. 아편과의 만남은 그렇게 시작되었다. 나는 어렸을 때부터 매일 최소한 한 번은 차가운 물로 머리를 감는 습관이 있었다. 어느 날 갑자기 치통이 발생하자 나는 그것이 머리감는 습관을 중단한 것에서 기인한 것이라 생각했다. 급히 침대에서 일어나 차가운 물에 머리를 담그고 그 상태로 잠을 잤다. 그런데 다음 날 아침, 말할 필요도 없이 나는 얼굴과 머리가 심하게 아픈 류마티스 통증을 겪었고, 그 고통은 약 20일간 계속되었다. 21일째 되는 날은 일요일이었다. 나는 그 고통을 피하고자 길을 나섰다. 그때 우연히 대학 동창을 만나 아편을 추천받았다.

아편! 상상할 수 없는 기쁨과 고통의 대리인! 나는 그것에 대해 성스러운 음식이나 엠브로시아[9)]처럼 들은 적은 있었다. 하지만, 그 이상으로는 알지 못했다. 그때는 무의미한 소리였지만 지금 나는 그 소리가 내 마음에 깊은 울림을 주는 것을 느낀다. 그 당시 그 장소, 그리고 그 사람이 나에게 아편을 소개한 모든 작은 사건들이 신비로운 중요성을 지닌 것처럼 느껴진다.

비 오는 일요일 오후, 나는 옥스퍼드 거리를 지나가다 "웅장한 판테온" 근처에서 한 약국을 보았다. 약사는 천상의 기쁨을 전하는 메신저처럼 보였다. 비 오는 일요일처럼 지쳐 보였던 그에게 나는 아편을 알콜에 녹여 만든 음료를 요청했다. 그는 아무렇지도 않게 그것을 내게 주었고 심지어 내 1실링에서 진짜 동전으로 보이는 동전을 거슬러 주었다. 나는

9) 엠브로시아는 신성함과 완전함, 최고로 우아한 것을 비유적으로 나타내는 데 사용된다. 현대 문학에서는 천상의 맛, 완벽한 즐거움, 또는 감각적 황홀경을 표현하는 데 자주 등장한다.

지금도 그를 내 마음속에서 천상의 약사로 여긴다. 내가 다시 런던에 갔을 때 그를 찾았지만 그곳에서 찾을 수 없었다. 그 이후로 나는 그가 옥스퍼드 거리를 떠났다고 생각했다.

나는 숙소 도착하자마자 즉시 정해진 양을 복용했다. 나는 아편 복용에 대한 전반적인 기술이나 비밀을 전혀 알지 못했다. 그러니 나는 여러모로 무지한 상황에서 아편을 섭취한 것이었다. 그러나 나는 그것을 먹었다. 그리고 한 시간 후, 오! 하늘이여! 그 반전! 내면의 깊은 곳에서 솟아오르는 영혼의 변화! 내 안에서 열린 내 세상의 아포칼립스![10] 내 고통이 사라진 것은 이제 아무것도 아니었다. 아편의 부정적인 효과는 내 앞에 열린 긍정적인 효과들의 광대함 속에서 삼켜졌다. 신성한 기쁨의 심연이 갑자기 드러난 것이다. 여기에는 모든 인간의 고통을 치유할 수 있는 만능약이 있었다. 철학자들이 수많은 세월 동안 논의해온 행복의 비밀이 드디어 발견된 것이다. 행복은 이제 1페니에 살 수 있었고 조끼 주머니에 넣어 다닐 수 있었다. 휴식과 환희를 1파인트 병에 담아 가지고 다닐 수 있었다. 마음의 평화는 우편 배달부를 통해 수많은 갤런으로 보내질 수 있었다. 내가 이런 식으로 말

10) "아포칼립스"는 세상의 종말을 의미하는 단어이다. 그리스어 "덮다"에서 유래했으며, "폭로"나 "드러냄"을 뜻한다. 종종 종말론적인 상황에서 사용되며, 기독교에서는 예수의 재림과 세계의 종말을 나타낸다. 현대 문화에서는 대재앙, 자연 재해, 외계인 침략 등 다양한 형태로 등장한다. 이 단어는 세상 끝을 묘사하는 데 주로 쓰인다.

한다면 독자들는 내가 웃고 있다고 생각할 것이다. 하지만 나는 확실히 말해줄 수 있다. 아편과 깊은 관계를 맺은 사람은 누구나 오래 웃을 수 없다. 그 즐거움조차도 무겁고 진지한 성격을 지닌다. 아편을 먹은 사람은 가장 행복한 상태에서도 즐겁게 자신을 나타낼 수 없다. 행복한 순간조차 그는 깊은 사색에 빠진 사람처럼 말하고 생각한다. 나 역시 때때로 고통 속에서 농담을 하는 매우 부끄러운 습관이 있다. 그보다 강한 감정에 의해 제지되지 않는 한 나는 이 고통과 기쁨의 기록 속에서 이 부적절한 습관을 계속 이어나갈지도 모른다. 독자는 이 점에 대해 내 불완전한 성격을 조금 이해해주길 바란다. 그런 작은 관용을 조금 베풀어 주신다면 나는 아편이라는 주제에 맞게 최대한 진지하게 이야기하려 노력할 것이다. 아편이 실제로 가지고 있는 성격을 반영하여 말이다.

우선, 아편이 신체에 미치는 영향에 대해 한 말씀 드리겠다. 아편에 관해 지금까지 작성된 모든 글, 여행자들이 터키에서 쓴 글(그들은 오랫동안 거짓말을 할 권리가 있었고, 그들은 그 권리를 주장할 것이다)이나 의학교수들이 쓴 글을 보며 나는 단 한 가지 강력한 비판을 한다.

"거짓말! 거짓말! 거짓말!"

내가 한 번 책방을 지나가다가 어떤 풍자 작가의 책에서 다음과 같은 문구를 본 기억이 있다.

"이때쯤 나는 런던 신문들이 적어도 일주일에 두 번은 진실을 말한다고 확신했다. 이렇게 화요일과 토요일에 그리고 파산자 명단에 대해서는 신뢰할 수 있다고 생각했다."

마찬가지로, 나는 아편에 관한 일부 진실이 세상에 전달된 것을 부인하지 않는다. 아편은 갈색을 띠고 있다고 반복적으로 말해졌다. 이는 내가 인정하는 바이다. 두 번째로 아편은 꽤 비쌌다. 이것도 나는 인정한다. 내 기억 속에서 동인도 아편은 파운드당 3기니였고, 터키산은 8기니였다. 세 번째로 만약 아편을 많이 먹으면 대부분의 사람에게 특히 규칙적인 생활을 하는 사람에게는 매우 불쾌한 일이 발생한다고 한다. 이 세 가지 명제는 모두 사실이다. 나는 그것들을 반박할 수 없다. 그리고 진실은 항상 칭찬받을 것이다. 그러나 이 세 가지 이론이 인간이 아편에 대해 축적한 지식의 끝이다. 그러므로 존경하는 의사들이여, 더 많은 발견이 있을 여지가 있으니 비켜 주시고 내가 이 문제에 대해 강연할 수 있도록 허락해 주기를 바란다.

우선, 아편에 대해 언급하는 모든 사람이 아편이 사람을 취하게 만든다고 가정하거나 주장하는데 나는 독자에게 단언컨대 아편은 어떤 양으로도 취할 수 없다고 확신한다. 아편의 팅크(일반적으로 라우다눔이라고 불리는)는 분명히 취하게 만들 수 있지만, 그 이유는 아편 때문이 아니라 그것이 매우 강한 알콜을 포함하고 있기 때문이다. 그러나 원초적인 아편은 결코 알콜이 만들어내는 상태와 비슷한 상태를 만들 수 없다고 단언한다. 그것은 양의 차이만이 아니라 종류의 차이다. 와인이 주는 즐거움은 항상 상승하며 위기를 향해 나아가고 그 후에는 점차 쇠퇴하지만, 아편에서 오는 즐거움은 한 번 발생하면 8~10시간 동안 일정하게 유지된다.

이러한 기술적인 차이에서 아편과 의약품의 구별은 급성의 즐거움과 만성의 즐거움의 차이와 같다. 하나는 불꽃같고, 다른 하나는 일정하고 균형 잡힌 빛이다. 주요 차이는 이렇다. 와인은 정신적인 능력을 흐리게 하지만, 아편은 그 반대로(적절한 방법으로 섭취하면) 가장 정교한 질서, 법률, 조화를 정신적 능력에 가져다준다.

와인은 사람을 자기 통제력을 잃게 하지만, 아편은 그것을 크게 강화한다. 와인은 판단을 흐리게 하고 술을 마신 사람의 경멸과 찬양, 사랑과 증오에 비정상적인 밝음과 생기를 더한다. 하지만, 아편은 그 반대로 모든 능력에 평온과 균형을 전달한다. 그리고 기질과 도덕적 감정에 대해서 아편은 단순히 판단에 의해 승인되는 그런 종류의 활력을 제공한다. 이는 원래 건강하고 선한 마음의 충동을 방해했던 깊은 고통이 제거된 후 자연스럽게 회복된 것과 같은 상태일 것이다.

여기에 아편은 와인처럼 마음과 자비로운 감정을 확장시킨다. 하지만 그때 이 두 가지에는 현저한 차이가 있다. 술에 취하면서 생기는 친절한 마음의 갑작스러운 전개는 언제나 어느 정도의 감상적인 성격이 섞여 있어 구경꾼의 경멸을 받을 수 있다. 사람들은 손을 흔들며 영원한 우정을 맹세하고 눈물을 흘리지만, 아무도 그 이유를 모른다. 그리고 이때 감각적인 존재가 명백히 우세하다. 그러나 아편에 의한 자비로운 감정의 확장은 열병처럼 갑작스러운 일이 아니며, 본래 정의롭고 선한 마음에 충동으로 갈등했던 고통이 제거된 후 몸과 마음이 건강하게 회복된 상태로 돌아가는 것이다. 사실, 와인도 일정 수준에서, 그리고 특정 인물에게는 지능을 높이고 안정시키는 경향이 있다. 나는 그다지 와인을 많이 마시지 않았지만 여섯 잔 정도의 와인은 내 정신 상태를 밝히고 강화시켜 내 마음에 무게로 균형을 맞추며(ponderibus librata suis) 이에 대한 느낌을 주었다. 그리고 어떤 사람이 술에 취했다고 말하는 것은 매우 어리석은 말이다. 반대로, 대부분 사람은 금주 상태에서 자신을 가장 잘 숨기고 있으며 술을 마실 때야말로 사람들이 진짜 자기 모습을 드러낸다. 이는 그들이 술에 취해서 자기 모습을 숨긴 것이 아니라, 진정한 자기 모습을 드러낸 것이다. 그러나 와인은 끊임없이 사람을 어리석음과 과도함의 벼랑 끝으로 몰고 가 일정 지점을 넘어서면 지적 에너지를 증발시키고 흩어지게 만든다. 그와 반대로, 아편은 항상 동요된 것을 가라앉히고 산만했던 것을 집중시킨다. 이렇게 취하거나 취하려는 사람은 자신이 본능적으로 인간적이며 때로는 잔인한 부분이 우세한 상태에 있다고 느끼게 된다. 그러나 아편을 먹은 사람(질병이나 아편의 다른 부정적인 효과가 없는 사람)은 자신이 신성한 부분에서 우세하다는 것을 느낀다. 즉, 도덕적 감정은 흐림 없이 평온한 상태에 있으며 그 위에는 위대한 지성의 빛이 비친다. 이것이 아편이라는 교회의 진정한 교리이다. 나는 이 교회의 유일한 회원인 처음과 마지막(Alpha이자 Omega)으로 자부한다. 그러나 내가 말하는 것은 나의 깊고 개인적인 경험을 바탕으로 한 것이다. 반면, 아편에 대해 다룬 대부분의 비과학적인 저자들은 심지어 의약에 관한 글을 쓴 사람들조차도 아편에 대한 그들의 실험적인 지식이 전혀 없다는 것을 그들이 표현하는 공포를 통해 분명히 알 수 있다. 실제로 나는 한 사람을 예로 들 수 있다. 그 사람은 아편이 취하게 만든다는 증거를 제공했으며 내 의심을 불식시켰다. 그 사람은 외과 의사지만 스스로 아편을 많이 섭취한 적이 있었다. 내가 그에게 정치에 대해 헛소리를 한다는 말을 했더니 그의 친구들이 자신을 항상 아편에 취해 있다고 했다.

그런데 그는 내 예상과 달리 두 가지 주장을 했다.

"나는 헛소리를 한다고 주장할 것이다. 그리고 두 번째로 나는 아편 때문에 헛소리를 한다고 주장할 것이다."

3. 영국 아편 먹는 사람의 고백

"단지, 그는 단순하지만 반복해서 말했다." 나는 그가 '아편에 취해서 그런 것이다.'라고 주장한 점이 세 명의 당사자가 동의한 존경할 만한 증언에 기초한 것으로 보이기에 의심할 수는 없다고 말했다. 그러나 그의 방어 논리에는 동의할 수 없었고, 그는 그 문제를 논의하며 자신의 근거를 제시했다. 그러나 그가 자신의 전문적 영역에서 실수하고 있다는 전제로 논쟁을 이어가는 것이 무례하게 느껴져 그가 논리적인 오류를 범했다고 생각되었을 때조차 그와 논쟁을 계속하지 않았다.

게다가 '이익을 추구하지 않고'라고 말하는 사람이거나 아무리 그가 말이 안 되는 소리를 한다 해도 논쟁을 하는 상대가 주장하는 입장에서 그 사람이 그렇게 말하는 것이 매력적이지 않다는 것을 느꼈다. 하지만 나는 인정한다. 한 명의 외과 의사, 그는 좋은 의사로 명성이 높았다는 점은 나의 입장이 강한 반론으로 여겨질 수 있다는 것이다. 그럼에도 나의 경험을 주장해야 했다. 내 경험은 그의 경험보다 7000방울 더 많았으며, 그가 말하는 것처럼 술에 취한 증상에 대해 모를 리는 없었다. 하지만 그가 '취기'라는 단어를 너무 넓은 의미로 사용하고 그 의미를 '신경을 자극하는 모든 형태'로 확장시킨 것은 논리적인 오류라고 생각했다. 일부 사람들은 내가 듣기에 '녹차에 취했다.'고 주장한 적도 있었다.

런던의 의대생 중 한 명은 최근에 "어떤 환자가 병에서 회복하면서 고기를 먹고 마치 술에 취한 것 같은 반응을 보였다." 고 말했다.

이렇게 첫 번째 오류에 대해 충분히 설명했으니 이제 두 번째와 세 번째 오류를 간단히 언급하겠다. 첫 번째는 아편이 기분을 상승시키면 반드시 기분이 하락한다고 주장하는 것이다. 나는 이를 단호히 부정한다. 내가 10년 동안 아편을 간헐적으로 섭취했을 때 그다음 날은 항상 기분이 좋았다고 보증할 수 있다.

두 번째는 아편의 자연적이고 즉각적인 결과가 마비와 정체로 정신적, 육체적인 마비라는 주장이다. 나는 이것 역시 부정한다. 분명히 아편은 진정제의 범주에 속하지만, 아편이 최초에 일으키는 효과는 신경계를 자극하고 또 자극하는 것이다. 그 초기 단계는 내가 아편을 처음 섭취했을 때 8시간 이상 지속되었기 때문에 아편을 잘못 사용하면 그 후의 마취 효과는 결국 잠을 자는 시간에 영향을 미치게 된다. 터키의 아편 사용자들은 마치 자신들이 숭배하는 신처럼 나무에 앉아 있는 어리석은 모습으로 묘사되곤 한다. 그러나 내가 아편을 섭취하며 보낸 밤을 예시로 들면, 적어도 아편은 나를 혼자 있고 싶게 만들지 않았고 무기력하게 앉아 있게 만들지 않았다. 나는 런던에서 1804년과 1812년 사이에 종종 아편을 섭취했다. 그 당시 나는 아편을 자주 섭취하진 않았고 대개 3주에 한 번 정도만 했다. 이때 내가 아편을 마시던 이유 중 하나는 그때 그라시니[11]가 오페라에서 노래를 했기 때문이다. 그녀의 목소리는 내게 그 어느 때보다도 즐거움을 주었다.

내 앞에 펼쳐진 하모니는 마치 자수 작품에서처럼 내 과거의 모든 삶을 보여주었다. 이는 기억의 행위로 떠오른 것이 아니라, 마치 음악 속에 현존하며 구현된 것처럼 느껴졌다. 이제 그 과거는 더 이상 고통스럽지 않았으며 사건들의 세부 사항은 제거되었거나 흐릿한 추상 속에 섞여 그 정열은 고양되고 정신적으로 순화되어 숭고해졌다. 이것은 5실링에 얻을 수 있었다. 그리고 무대와 오케스트라의 음악 외에도 나는 공연 중간 중간에 이탈리아 여성들이 말하는 이탈리아어의 음악을 내 주위에서 들을 수 있었다. 갤러리는 보통 이탈리아인들로 가득 차 있었으므로 나는 마치 캐나다에서 여행자가 인디언 여성들의 달콤한 웃음을 들었을 때 느꼈던 기쁨처럼 그들의 언어를 즐기며 들었다. 언어를 덜 이해할수록

11) "그라시니(Grassini)"는 19세기 초 이탈리아의 유명한 오페라 가수인 마리아 그라시니(Maria Grassini)를 지칭한다. 그녀는 주로 베르디, 도니체티, 그리고 다른 유명한 오페라 작곡가들의 작품에서 중요한 역할을 했던 소프라노 가수였다. "영국 아편 중독자의 고백"에서 언급되는 그라시니는 당시 런던 오페라 하우스에서 공연한 가수로, 그 당시 그녀의 공연은 많은 사람들에게 큰 인기를 끌었고, 특히 그녀의 목소리와 표현력이 오페라 팬들에게 깊은 인상을 남겼다.

그 소리의 멜로디나 거칠음에 더 민감해진다. 그래서 이탈리아어를 잘하지 못하는 것이 나에게는 유리했다. 나는 그것을 거의 읽지 않았고 전혀 말하지 않았으며, 사람들이 말하는 것의 10분의 1도 이해하지 못했다.

이것이 나의 오페라의 즐거움이었다. 그러나 또 다른 즐거움이 있었다. 그것은 토요일 밤에만 즐길 수 있는 것이었다. 당시 오페라는 화요일과 토요일 밤에 정기적으로 열렸다. 이 점에 대해서 나는 다소 불분명하게 말할 수밖에 없지만 마리누스가 프로클로스[12]를 다룬 것처럼, 혹은 많은 평판 좋은 전기 작가들처럼 그렇게 될 것이다. 이 즐거움은 내가 말한 대로 토요일 밤에만 얻을 수 있는 것이었다. 그렇다면 토요일 밤은 다른 밤들과 무엇이 다를까? 나는 쉴 일이 없었고 받을 임금도 없었다. 토요일 밤이란 그저 그라시니(밀라노 그라시니 극장)의 오페라를 듣기 위한 초대에 불과했다. 그렇다. 가장 논리적인 독자여, 당신이 하는 말은 반박할 수 없다.

그럼에도 나는 당시 다른 사람들처럼 빈곤한 사람들의 고통에 동정심을 표현하기보다는 그들의 즐거움에 동감하려는 성향이 있었다. 빈곤의 고통을 나는 너무 많이 보았기에

12) 마리누스는 5세기 네오플라톤주의 철학자로, 프로클로스의 제자이자 스승의 철학을 계승한 인물이다. 그는 프로클로스의 생애와 사상을 기록한 전기를 작성하며 스승의 유산을 전파하는 데 기여했다. 또한, 『에우클리데스 원론의 서문』을 저술하며 수학과 철학의 연결을 설명한 업적을 남겼다.

더 이상 기억하고 싶지 않았다. 그러나 빈곤한 사람들이 가진 즐거움, 정신적 위로와 육체적 노동에서 벗어날 때의 휴식은 결코 억압적이지 않았다. 이제 토요일 밤은 가난한 사람들에게 가장 중요한 규칙적이고 주기적인 휴식의 시간이었다. 이 점에서 거의 대부분의 기독교 세력은 하나가 되어 형제애의 공동체를 인정했다. 토요일 밤은 다른 휴식으로 가는 서막이었으며 하루와 두 밤을 거쳐 새로운 노동이 시작되기 전의 휴식이었다. 그래서 나는 토요일 밤마다 마치 내가 노동에서 풀려나 임금을 받을 수 있는 사람처럼 또 편안한 휴식을 즐길 수 있는 사람처럼 느꼈다. 그런 점에서 나는 자주 토요일 밤에 아편을 먹고 나서 방향이나 거리를 신경 쓰지 않고 런던의 시장들과 가난한 사람들이 몰리는 곳으로 나갔다. 많은 가족이 모여서 집안의 재정 상태나 필요한 물건의 가격을 논의하는 장면을 종종 보았다. 점차 나는 그들의 소망, 어려움, 의견에 익숙해졌다. 때로는 불만의 소리가 들리기도 했다. 하지만, 대부분 얼굴에 나타나는 표현이나 입으로 나오는 말들은 인내와 희망, 평온의 기운이었다. 내가 말하고자 하는 것은 적어도 이 점에서는 가난한 사람들이 부유한 사람들보다 훨씬 더 철학적이라는 것이다. 그들은 스스로 당할 수밖에 없는 고통이나 회복할 수 없는 손실에 대해 더 기꺼이 그리고 밝게 순응한다.

나는 때때로 그들과 함께 앉아 그들이 논의하는 문제에 의견을 덧붙였는데, 내 의견이 그렇게 현명하지 않더라도 항상 관대하게 받아들여졌다. 임금이 조금 오르거나, 빵 가격이 조금 내릴 것이라는 소식이 들리면 나는 기뻐했다. 하지만, 그 반대일 경우 나는 아편에서 위안을 찾을 수 있었다. 왜냐하면, 아편은 모든 감정을 지배하여 주인공인 쾌락에 순응하도록 만들기 때문이다. 때로는 오페라나 시장에서의 즐거움이 마음을 사로잡을 때 나는 시간이 흐르는 것도 모른 채 길을 떠났다. 그리고 나는 여러 시장과 거리로 떠나 가난한 사람들의 일상 속으로 흘러 들어갔다. 이러한 방랑은 나를 때때로 먼 곳으로 이끌었고 나는 그것을 끝까지 따라갔다.

4장

아편에 잠식된 삶의 고백

1. 고통과 기억의 서문
2. 게으름의 성
3. 글을 쓰는 이유

4장

아편에 잠식된 삶의 고백

그 후 몇 년이 지나 내 기쁨이 완전히 회복되었을 때 나는 홀로 지내고자 하는 자연스러운 성향에 굴복하였다. 그때 나는 자주 아편을 복용하면서 몽상에 빠지곤 했다. 여름밤, 바다를 내려다볼 수 있는 창문 아래 대도시 L이 약 1마일 거리에 보이는 그런 방에서 나는 종종 해가 지고 아침이 올 때까지 한자리에 가만히 앉아 아무것도 하고 싶지 않은 채 있었다. 이런 상황을 만들어 간다면 내가 신비주의[13]나 베흐멘주의[14], 조용주의 등을 비난받을 수도 있겠지만 그것은 나를 두렵게 하지 않는다. H. Yane 경은 우리의 가장 지혜로운 사람 중 한 명이었다. 독자들이 그의 철학적 저서들을 본다면 그가 나만큼 신비적이지 않다는 것을 알 수 있을 것이다. 그래서 나는 말한다. 그런 몽상 속에서 일어나는 일들을 내가 본 바로는 어떤 의미에서 상징적이었다.

대도시 L은 이 지구 안에서 벗어나지 않은 슬픔과 무덤들을 떠나보낸 지구를 상징한다. 그러나 그것들이 완전히 잊혀지지 않고 여전히 시야에 존재하는 모습이었다. 바다가 끊임없이 조용히 흔들리며 비둘기 같은 평온 속에 잠겨 있는 것처럼 그 당시 나를 지배했던 마음과 감정의 상태를 상징할 수 있을 것이다. 나는 마치 처음으로 삶의 소란에서 벗어나 멀리 떨어져 있는 것처럼 느껴졌다. 그 소란은 열정이나 투쟁이 중지된 듯한 느낌이었다. 마음속의 비밀스러운 짐들로부터 잠시 휴식이 주어진 것 같았다. 삶의 길에서 피어나는 희망들이 무덤 속의 평화와 화해된 모습으로 지칠 줄 모르는

13) 신비주의는 인간이 신과의 직접적인 교감을 통해 영적 경험을 얻으려는 사상이다. 신비주의자는 신의 존재를 내면적으로 체험하고 이를 설명하려 할 때 상징적 언어를 사용한다. 이 사상은 명상과 기도를 통해 내적인 성장을 추구하는 이다.

14) 베흐멘주의는 17세기 독일에서 발전한 신비주의적 사상으로, 신의 내면적 존재와 인간의 영적 진화를 중시한다. 인간은 신과 일체가 되기 위한 내적 변화를 경험하며, 신의 신비적 활동을 이해하려 한다. 베흐멘주의는 인간의 신비적 경험을 통해 신과의 일치를 목표로 하는 것이다.

지성의 움직임과 모든 불안 속에서의 잔잔한 평화였다. 그 평화는 단순한 무력함의 결과가 아니라 거대하고 무수한 대립 속에서 나오는 것처럼 보였다. 무한한 활동과 무한한 평온이 공존하는 상태였다.

오, 공정하고, 미묘하며 강력한 아편이여! 가난한 이와 부유한 이에게 결코, 치유되지 않을 상처와 "영혼을 반항하게 하는 고통"을 위해 치유의 연고를 가져다주는 아편이여! 너의 강력한 수사로 분노의 목적을 몰래 빼앗고, 죄 있는 자에게는 하룻밤 동안 그의 청춘의 희망을 되돌려주며, 피로 씻은 손을 다시 돌려주고, 자존심이 강한 자에게는 "아직 해결되지 않은 불의와 복수되지 않은 모욕들"에 대한 짧은 망각을 주는 아편이여! 너는 꿈의 재판소로 부르고 고통받는 순수한 자의 승리를 가져오며 거짓 증인들을 불러들여 위증을 혼란시키며 불공정한 판사의 판결을 뒤집는다. 너는 어둠의 품속에서 상상력의 기이한 이미지를 통해 필디아스[15]와 프락시텔레[16]의 예술을 넘어서는 도시와 사원을 건설하며 "꿈과

15) 필디아스는 고대 그리스의 조각가이자 예술가로, 주로 제우스의 조각상과 아테네의 파르테논 신전의 부조 작업으로 알려져 있다. 그의 작품은 신성한 아름다움과 인간의 비범한 존재를 강조하며, 특히 제우스 상은 고대 그리스 예술의 정수로 평가된다. 필디아스는 또한 '신의 표현'을 중시한 예술 철학을 발전시킨 인물이다.

16) 프락시텔레스는 고대 그리스의 대표적인 조각가로, 그의 작품은 인간의 아름다움을 더욱 사실적으로 표현한 것으로 유명하다. 특히 아프로디테 조각상과 같은 부드럽고 유려한 형태로 인간의 신체를 재현하는 데 탁월했다. 그의 예술은 고전적 미학을 재정립하며, 후대 조각에 큰 영향을 미친다.

잠의 무질서"에서 오랫동안 묻혀 있던 아름다움의 얼굴들과 무덤의 치욕에서 정화된 행복한 가정의 얼굴들을 밝은 빛 속으로 부른다.

오, 공정하고, 미묘하며 강력한 아편이여!

1. 고통과 기억의 서문

친절하고 관대한 독자여(내 모든 독자는 반드시 관대해야 한다고 믿는다. 그렇지 않다면 내가 그들을 너무 충격에 빠뜨릴 가능성이 크기에 그들에게 예의를 기대할 수 없을 것이다), 여기까지 나를 따라와 주셨으니 이제 약 8년 뒤로 이동하기를 요청 드린다. 내가 처음으로 아편과 인연을 맺었던 해인 1804년에서 1812년까지의 시간이다.

학문적 삶의 시절은 이제 지나가 거의 잊혀졌다. 학생 시절의 모자는 더 이상 내 머리에 씌워져 있지 않다. 만약 그 모자가 여전히 존재한다면 나는 그것이 지금쯤 나처럼 행복하고 지식을 사랑하는 또 다른 젊은 학자의 머리에 씌워져 있기를 바란다. 내 가운은 지금쯤 보들리안 도서관의 수많은 훌륭한 책들처럼 열심히 연구하는 나방과 벌레들에 의해 꼼꼼히 읽혀졌을 것이라 추측한다. 혹은 그것이 어떤 운명을 맞았는지는 모르겠지만 찻잔과 찻통, 찻주전자 등이 사라진 것처럼 어딘가에 있는 거대한 저수지로 사라졌을지도 모른다. (더 나아가, 유리컵, 디캔터, 침대 만드는 사람들처럼 더욱 약한 그릇들에 대해서는 말하지 않겠다.)

내가 한때 소유했던 물건들을 떠올리게 하는 현재의 유사한 물건들이 있지만, 그것들이 떠난 후의 운명이나 최종적인 결과에 대해서는 대부분의 옥스퍼드나 케임브리지 졸업생들과 마찬가지로 나도 모호하고 추측적인 이야기만을 할 수 있을 뿐이다.

새벽 6시, 아침 기도를 위한 채플 종이 울려 퍼져 나의 잠을 방해하던 시절은 이제 끝났다. 그 종(청동으로 이루어졌고, 구리로 장식된)을 울렸던 수위는 더 이상 내가 옷을 입으면서 많은 보복의 그리스어 시를 썼던 대상이 아니며, 이제는 누구도 나의 잠을 방해하지 않는다. 그의 종 울림 습관으로 많은 고통을 겪었던 사람들(나를 포함한)은 이제 그의 잘못을 용서하고 잊기로 했다.

심지어 그 종과도 이제는 화해한 상태이다. 하지만 그 종은 여전히 예전처럼 하루 세 번 울리며 많은 훌륭한 신사들의 마음의 평화를 깨뜨리며 괴롭히고 있을 것이다. 그러나 1812년의 나는 더 이상 그 종의 배신적 목소리에 신경 쓰지 않는다. (나는 그것을 배신적이라고 부른다. 그 이유는 어떤 악의적인 세련됨으로 마치 파티에 초대하는 것처럼 달콤하고 은빛 같은 소리로 울렸기 때문이다.) 이제 그 종소리는 아무리 크게 울려도 나에게 닿을 수 없다. 나는 그곳에서 250마일 떨어진 산속 깊은 곳에 있기 때문이다.

그렇다면 나는 산속에서 무엇을 하고 있는가? 아편을 복용하고 있다. 그 외에는? 독자여, 1812년, 우리가 이제 도달한 이 시점에서 나는 몇 년 전부터 독일 형이상학을 주로 연구하고 있다. 칸트나 피히테, 셸링[17] 등의 저술 속에서 말이다.

그렇다면 나는 어떻게, 어떤 방식으로 살고 있는가? 간단히 말하자면 나는 어떤 계층이나 부류의 사람에 속하는가? 1812년 현재, 나는 한 오두막에서 살고 있으며 단 한 명의 여성 하인과 함께 지내고 있다. (나의 이 하인은 이웃들 사이에서 "집사"로 알려져 있다.)학자로서 그리고 학문적 교육을 받은 사람으로서, 나는 그 의미에서 신사로 살아가고 있다.

나는 감히 나 자신을 "신사"라 불리는 그 애매한 집단의 한 부적절한 구성원으로 분류할 수 있다고 생각한다. 아마도 내가 제시한 이유에서 일부 비롯되었겠지만, 또 한편으로는

17) 칸트(1724-1804): 독일 철학자로 근대 철학의 기초를 세운 인물이다. '순수이성비판'에서 인간 인식의 한계를 규명했다. 평생 쾨니히스베르크에서 연구하며 규칙적인 삶을 살았다.
피히테: 자아의 능동성을 강조한 독일 관념론 철학자다. 국가와 민족의 역할을 중시하며 애국적 사상을 설파했다. 칸트 철학을 계승하면서도 주체의 창조성을 더욱 강조했다.
셸링: 자연과 정신의 통일을 추구한 독일 철학자다. 예술과 직관을 통해 철학적 진리를 찾고자 했다. 피히테의 영향을 받았으나 이후 독자적인 철학을 구축했다.

내가 눈에 띄는 직업이나 사업이 없기 때문에 이웃들은 내가 개인 재산으로 생계를 유지하고 있다고 판단하여 나를 신사로 분류했을 것이다. 그리고 현대 영국의 관례에 따라 나는 편지나 기타 문서에서 보통 "에스콰이어(Esquire)"[18]라는 칭호로 불린다. 다만, 엄격한 의미에서 문장관들이 판단하기에는 이 탁월한 명예에 대한 나의 자격은 미약하다고 생각한다.

그렇다, 대중의 평가에 따르면 나는 X. T. Z, 에스콰이어일 수 있지만, 치안 판사(Justice of the Peace)도, 국고 수호자(Custos Rotulorum)도 아니다. 내가 결혼했느냐고? 아직 아니다. 그리고 나는 여전히 아편을 복용한다! 토요일 밤마다 말이다.

아마도 1804년의 "비 오는 일요일", "위엄 있는 판테온" 그리고 "축복받은 약사" 이후로 나는 거리낌 없이 아편을 복용해 왔을 것이다. 그렇다, 정확히 그렇다.

그렇다면, 이렇게 아편을 먹고 난 후 내 건강은 어떤가? 간단히 말해, 나는 어떻게 지내고 있는가? 글쎄, 꽤 괜찮다. 독자여! 마치 출산 후 여성들이 말하는 것처럼

"기대했던 만큼 괜찮다."

18) 에스콰이어(Esquire)는 영국과 미국에서 사용되는 존칭으로, 역사적으로는 중세 기사의 층을 뜻했다. 현대 영국에서는 직업이 없거나 지위가 높은 신사를, 미국에서는 주로 변호사를 지칭하는 데 사용된다. 이름 뒤에 "Esq."로 줄여 쓰이며, 예의와 존경을 나타내는 상징적 직함이다.

실제로 내가 감히 진실하고 간단한 사실을 말하자면 의사들의 이론을 만족시키기 위해서 나는 아파야 마땅하겠지만 1812년 봄, 내 생애 최고의 건강 상태였다.

나는 진심으로 바란다. 독자여, 당신이 인생에 있어 8년마다 소비하는 클라렛 와인, 포트 와인, 혹은 '특별한 마데이라 와인'이 나의 8년 동안의 아편 섭취만큼이나 당신의 건강에 별다른 영향을 미치지 않기를 바란다. 여기서 알 수 있듯이 아나스타시우스(Anastasius)[19] 같은 사람에게서 의학적 조언을 받는 것은 위험하다. 그가 신학이나 법학에서는 안전한 조언자일지 몰라도 의학에서는 그렇지 않다. 아니, 차라리 나처럼 부찬 박사(Dr. Buchan)를 참고하는 것이 낫다. 나는 그의 훌륭한 제안을 결코 잊지 않았다. 그는 내가 로더넘(아편 링크)[20]을 25온스를 초과해 복용하지 않도록 특별히 주의를 주었다.

나는 이 절제된 사용 덕분에 적어도 지금까지는(즉, 1812년 기준으로) 아편이 관대함을 남용하는 자들에게 준비해 놓은 복수의 공포를 알지 못하고 의심하지 않고 있다. 동시에 잊지

19) 아나스타시우스(Anastasius)는 토마스 호프(Thomas Hope)가 1819년에 발표한 소설의 제목이자 주인공으로, 방탕하지만 매력적인 인물의 일대기를 그린 작품이다. 이 소설은 당대에 폭넓은 주목을 받았으며, 동방 세계를 배경으로 한 모험과 내적 갈등을 다룬다. 주인공은 자신의 행동과 도덕적 선택을 통해 삶의 복잡성을 탐구한다.

20) "로더넘을 25온스를 초과해 복용하지 않도록 특별히 주의했다."는 아편 링크의 위험성을 강조하며, 과도한 복용이 생명에 치명적일 수 있음을 경고하는 문구이다. 하지만 25온스라는 양은 실제로 잘못된 표기로 보이며, 일반적으로 25방울(drop)을 뜻하는 것이 정확하다.

말아야 할 것은 지금까지 나는 아편의 단순한 딜레탕트(취미로 하는) 사용자에 불과했다는 점이다. 8년간의 경험, 그리고 매번 충분한 간격을 두는 주의만으로는 아편을 매일 섭취해야 하는 필수 식품으로 만들지는 못했다. 그러나 이제 다른 시대로 접어든다.

독자여, 1813년으로 이동하자. 우리가 방금 떠나온 해의 여름에 나는 매우 슬픈 사건과 관련된 정신적 고통으로 인해 심각한 신체적 건강 문제를 겪었다.

이 사건은 나의 신체적 질병과 연관이 있을 뿐 현재 논하고 있는 주제와는 직접적인 관련이 없다. 1812년에 겪은 질병이 1813년의 질병에 어떤 영향을 미쳤는지 나는 알 수 없었다. 하지만, 1813년에는 위의 극심한 자극 증상으로 고통을 받았다. 이는 내가 어린 시절 겪었던 것과 동일한 증상이었으며 과거의 악몽들이 다시 되살아났다. 여기서부터는 내 이야기가 진행되는 중요한 지점으로 나 자신의 정당성을 증명하기 위해 이후의 모든 이야기가 연결된다. 그러나 나는 여기서 곤란한 딜레마에 빠졌다.

첫째, 내가 겪은 병과 투쟁에 대해 자세히 설명하면 독자의 인내심을 소진시킬 위험이 있다. 둘째, 이 중요한 부분을 가볍게 넘어가면 독자에게 강한 인상을 남길 기회를 잃고 아편 복용이 단순히 자기 방종으로 인해 점진적으로 악화되었다는 오해를 불러일으킬 수 있다. 이는 나의 이전 고백들로 인해 독자가 가질 가능성이 높은 선입견이기도 하다.

따라서, 독자여, 나는 필요한 만큼의 사실만을 전제로 삼고자 한다. 그리고 독자께서 나의 전제를 신뢰하며 받아들이길 바란다. 내가 감히 말하건대 1812년 당시 나는 더 이상 저항할 수 없었다. 나의 고통을 이길 수 없었음을 받아들여 주시길 바란다. 만약 이를 믿지 않는다면 내 고백의 개정판에서는 독자를 설득하고 공포에 떨게 만들 수밖에 없을 것이다.

내가 매일 아편을 복용하기 시작했을 때 그것은 다른 선택지가 없었기 때문이었다. 이후에 이 습관을 끊을 수 있었는지, 또는 내가 했던 수많은 노력이 더 강하게 이루어졌다면 다른 결과가 나왔을지는 질문으로 남긴다. 솔직히 말하자면 나는 행복을 지나치게 갈망하는 경향이 있다. 나는 나 자신과 타인을 위한 행복 상태를 너무 중요시한다. 나는 고통을 직면할 만큼 충분히 강인하지 않으며 미래의 이익을 위해 현재의 고통을 견뎌낼 능력이 부족하다.

나는 맨체스터의 면직물 상인들과 다른 점이 있다면 그들은 스토아 철학을 적용하려 하지만 나는 그렇지 않다. 대신, 나는 에클렉틱 철학자의 자유를 취해, 아편 복용자의 연약한 상태를 더 관대하게 이해해줄 철학적 입장을 찾는다. 나는 잔인한 도덕주의자를 견딜 수 없으며 현재 나의 신경 상태에서는 더욱 그렇다.

누군가가 나에게 자기 부정과 고통을 요구하며 도덕적 개선의 항해에 나서라고 한다면 나는 그것이 희망적인 시도임을 납득시켜야 할 것이다.

내 나이(36세)에서는 남은 에너지가 많지 않다. 모든 에너지가 내 지적 작업에 쓰이고 있기에 막연한 도덕적 모험에 이를 낭비할 여유는 없다.

1813년에 겪었던 투쟁의 결과는 내가 이미 언급한 바와 같다. 이 시점부터 독자는 나를 정기적이고 확고한 아편 복용자로 간주해야 한다. 내가 특정 날에 아편을 복용했는지 묻는 것은 폐가 호흡했는지, 심장이 기능했는지 묻는 것과 다를 바 없다. 이제 독자여, 내가 누구인지 분명히 알았을 것이다. 그리고 아무리 "눈처럼 하얀 수염을 가진 신사"라 해도 나를 설득해 "이 해로운 약물의 작은 금색 용기"를 포기하게 할 가능성은 없다.

아니, 나는 도덕주의자든 외과 의사든 누구에게나 경고한다. 그들이 어떤 자격이나 전문성을 내세우더라도 아편 금욕이라는 야만적인 제안을 내세우는 한 나의 동의를 기대하지 말라. 이제 이 점이 완전히 이해되었으니 앞으로는 바람을 맞으며 항해를 계속할 것이다.

자, 독자여, 이제 1813년에서 3년 정도 더 앞으로 걸어가 보자. 이제 커튼을 올리고 나를 새로운 모습으로 보라.

어떤 사람, 부자든 가난한 자든 그가 인생에서 가장 행복했던 하루가 언제였는지 그리고 왜 그랬는지 말하겠다고 하면 우리는 모두 "들어보자! 들어보자!"라고 외칠 것이다. 가장 행복한 하루를 꼽는 것은 어떤 현명한 사람에게도 매우 어려운 일이다. 왜냐하면, 어떤 사건이 한 사람의 인생에서 그토록 두드러진 위치를 차지한다면 그것은 많은 해 동안 지속적으로 같은 행복을 가져다줄 수 있는 오랜 지속성을 가진 성격을 지녀야 하기 때문이다. 그러나 가장 행복했던 순간이나 심지어 가장 행복했던 해를 지적하는 것은 지혜로운 사람에게도 허용될 수 있을 것이다.

내 경우 독자여, 우리가 지금 도달한 이 해가 바로 내가 가장 행복했던 해였다. 이 해는 보석 상인들이 말하듯이 "빛나는 물"과 같았고, 아편의 어둡고 흐린 우울함 속에 고립된 상태로 빛나고 있었다. 놀랍게도 나는 얼마 전 하루 320그레인(즉, 8000방울의 라우다넘)을 복용하던 것을 갑자기, 그리고 큰 노력 없이 40그레인, 즉 8분의 1로 줄였다. 그리고 마치 마법처럼 내 뇌를 짓누르고 있던 깊은 우울의 구름이 하루 만에 사라졌다. 마치 산 정상에서 검은 안개가 걷히는 것처럼 혹은 좌초된 배가 밀물에 떠오르는 것처럼, 그 우울함은 완전히 사라졌다.

이제 나는 다시 행복해졌다. 하루 1000방울의 라우다넘만 복용했고 그것은 아무것도 아니었다. 내 청춘의 계절을 마무리하는 또 다른 봄이 찾아온 듯했다.

내 뇌는 다시 건강하게 기능하며 칸트를 읽고 이해할 수 있게 되었다. 내 즐거움은 다시 주변으로 확장되었다. 만약 옥스퍼드나 케임브리지에서 혹은 어디에서든 누군가가 내 소박한 오두막을 방문한다면 나는 그를 가능한 최고의 환대로 맞이했을 것이다.

라우다넘[21]이 필요한 사람에게는 원하는 만큼 주었을 것이며 그것을 황금 잔에 담아 제공했을 것이다. 이와 관련해 그 시기에 일어난 작은 사건이 떠오른다. 비록 사소한 일이었지만 이 사건은 나의 꿈에 예상치 못한 두려움을 불러일으켰다.

어느 날, 한 말레이인이 내 문을 두드렸다. 그가 왜 영국의 산속에서 일을 하고 있었는지 알 수 없었으나 아마도 40마일 떨어진 항구로 가는 길이었을 것이다.

문을 연 하녀는 산속에서 태어나고 자란 젊은 소녀로, 아시아식 옷차림을 본 적이 없었다. 그래서 말레이인의 터번은 그녀를 상당히 당황하게 만들었다. 게다가 그는 영어를 전혀

21) 라우다넘(Laudanum)은 아편을 알코올에 녹인 용액으로, 강력한 진통제이자 수면제로 사용되었다. 16세기 파라켈수스가 처음 만들었으며, 19세기에는 만병통치약처럼 쓰였으나 강한 중독성을 가졌다. 빅토리아 시대에 특히 많이 사용되었으며, 문인과 예술가들의 아편 중독 원인이 되기도 했다.

구사하지 못했다. 그녀도 말레이어를 전혀 알지 못했기 때문에 둘 사이의 의사소통은 완전히 단절된 상태였다. 이 난처한 상황에서 소녀는 자신의 주인이 학식이 뛰어나다고 생각하며 아마도 세상의 모든 언어뿐 아니라 달의 언어 몇 가지도 알고 있을 거라고 믿었는지, 나에게 와서 마치 악마 같은 존재가 집에 들어왔으니 쫓아달라고 요청했다.

나는 바로 내려가지 않고 잠시 있다가 내려갔다. 그러나 내려가서 보니 우연히 배치된 장면이 내 눈길을 끌었다. 그 모습은 오페라 하우스의 복잡하게 연출된 발레 동작들보다도 훨씬 강렬하게 내 상상력을 사로잡았다.

어두운 나무 패널로 둘러싸인 오두막의 부엌은 나이가 들어 문지름으로 인해 참나무처럼 보였고, 부엌이라기보다는 시골의 입구 홀이었다. 그곳에 말레이인은 서 있었고 그의 터번과 낡고 헐거운 흰 바지가 어두운 패널을 배경으로 눈에 띄었다. 그는 소녀에게 지나치게 가까이 서 있었다. 소녀는 이를 달가워하지 않는 듯했다. 하지만 그녀의 산속에서 자란 용감한 본성은 그녀가 느끼는 단순한 경외감과 혼합되어 얼굴에 나타났다. 그녀는 마치 호랑이 고양이를 응시하듯 그를 바라보았다.

그 장면은 인상적이었다. 소녀의 아름다운 영국적 얼굴과 그녀의 완벽하게 창백한 피부, 그리고 곧고 독립적인 자세는 말레이인의 황갈색 피부와 대비를 이루었다. 그의 피부는 바다 공기로 인해 마호가니 색으로 칠해진 듯했으며 그의 작고 날카롭고 끊임없이 움직이는 눈, 얇은 입술, 노예 같은 몸짓은 더욱 강렬한 인상을 주었다.

그 뒤에 반쯤 가려진 말레이인 뒤에는 이웃 오두막에서 온 작은 아이가 있었다. 그 아이는 그의 뒤를 따라 들어왔으며 이제 고개를 돌려 터번과 그 아래에서 빛나는 불같은 눈을 바라보면서 한 손으로 젊은 여인의 옷자락을 붙잡고 있었다.

나는 동양 언어에 대한 지식이 거의 없었고, 사실 아랍어의 보리(barley) 단어와 터키어로 아편을 뜻하는 "마준(mad-joon)"이라는 단어뿐이었다. 그래서 나는 말레이어 사전도 없고 아델룽의 미트리다테스조차 없었으므로 내가 아는 언어 중 지리적으로 가장 동양에 가까운 그리스어로 《일리아스》의 몇 구절을 그에게 말했다. 그는 경건한 태도로 나를 숭배하며 자신의 언어로 대답했다. 이로써 나는 이웃들 사이에서 내 평판을 지킬 수 있었다. 말레이인은 비밀을 누설할 방법이 없었기 때문이다.

그는 약 한 시간 동안 바닥에 누워 있다가 떠났다. 떠나는 길에 나는 그에게 아편 한 조각을 선물로 주었다.

나는 그 말레이인이 동양인이었기에 아편에 익숙할 것이라 짐작했다. 내가 아편을 건넬 때 그의 얼굴 표정은 내 추측이 맞다는 것을 확신시켰다. 하지만 그가 갑자기 손을 입으로 올리더니 주어진 아편을 세 조각으로 나눠 단숨에 삼켜

버리는 모습을 보고 약간의 당황과 두려움을 느꼈다. 그 양은 세 명의 기병과 그들의 말을 죽일 만큼 많았다. 나는 그의 안전이 걱정되었지만, 어찌할 방법이 없었다.

나는 그의 외로운 삶을 연민하며 그에게 아편을 준 것이었다. 만약 그가 런던에서부터 걸어서 여행을 왔다면 약 3주 동안 사람과의 교류가 전혀 없었을 것이다. 그러나 내가 병에 걸린 사람처럼 그를 붙잡아 구토제를 억지로 먹이는 것은 환대의 법칙을 어기는 일이었고 자칫 그를 놀라게 해 우리가 그를 영국의 신에게 희생물로 바치려 한다는 인상을 줄 수도 있었다. 결국, 나는 그를 내버려 두었다. 며칠 동안 걱정했지만 말레이인이 죽었다는 소식을 듣지 못했기에 그는 아편에 익숙한 사람이었으며 내가 의도했던 대로 그에게 방랑의 고통에서 벗어난 하룻밤을 선사했으리라 믿었다.

이 사건은 사소해 보일지 모르지만 나는 꿈속에서 이 말레이인과 그의 모습을 반복적으로 떠올리게 되었고 그와 더 사악한 말레이인들이 등장해 나를 "아목" 상태로 몰아넣으며 큰 불안을 초래했다. 이제 이 이야기를 접고 나의 삶에 삽입되었던 행복의 해(intercalary year)로 돌아가겠다.

나는 이미 말했듯이 행복이라는 주제는 우리 모두에게 중요한 만큼 이를 경험한 사람의 이야기를 듣는 것은 기쁨일 것이다. 나 자신의 삶에서 행복은 고체와 액체의 형태로 끓인 것과 끓이지 않은 것으로 동인도와 터키산 아편을 통해 경험한 것이다. 나는 8000방울의 라우다넘을 매일 복용하며 행복에 대해 실험하고 탐구했다.

그러므로 나는 행복이 무엇인지 알고 있다고 감히 주장할 수 있을 것이다. 이에 대해 설명하기 위해 나는 단순한 이론적 설명 대신 내게 삽입된 행복한 해의 한 저녁을 보내던 모습을 묘사하며 이 주제를 풀어나가겠다.

먼저, 작은 오두막집을 떠올려 보자. 이 오두막은 어떤 도시에서든 18마일 떨어진 계곡에 위치해 있다. 계곡은 넓지 않으며 길이는 약 2마일(약 3.2km), 평균 폭은 3/4마일 정도이다. 이러한 환경은 이 계곡에 거주하는 모든 가족이 마치 하나의 큰 가정을 이루는 것처럼 서로를 친숙하게 느끼게 하며 어느 정도 애정 어린 관심을 갖게 만든다. 산은 진짜 산이어야 하며 높이가 3,000-4,000피트에 달해야 한다. 오두막 또한 진짜 오두막이어야 하며 "이중 마차 보관소가 있는 오두막" 같은 것이 아니어야 한다. 실제로 내가 묘사하는 장면에 충실 하자면 이 오두막은 하얀 벽과 꽃이 만발한 덤불로 둘러싸여 있다. 봄, 여름, 가을 내내 창문 주변과 벽에 꽃들이 피어나는 풍경이 펼쳐진다. 5월 장미로 시작해 재스민으로 끝나는 아름다운 장면이다. 그러나 계절은 봄, 여름, 가을이 아니라 가장 혹독한 겨울이어야 한다. 이것은 행복의 과학에서 매우 중요한 요소이다. 사람들이 겨울이 끝나가거나 심하지 않을 것이라고 기뻐하는 것을 볼 때면 놀랍다. 반대로, 나는 매년 가능한 많은 눈, 우박, 서리, 폭풍이 하늘에서 내려오기를 기원한다. 겨울 벽난로가 주는 신성한 즐거움은 누구나 알 것이다. 오후 4시에 켜진 촛불, 따뜻한 난로 깔개, 차 한 잔, 아름다운 차를 만들어주는 사람, 닫힌 덧문, 바닥까지 흘러내리는 풍성한 커튼, 그리고 바깥에서 요란하게 울부짖는 바람과 비의 소리가 어우러지는 광경을 상상해 보라.

2. 게으름의 성

문과 창문을 통해 바람이 마치 천국과 지상을 하나로 융합하려는 듯 들이치지만, 바람과 비가 침투할 수 있는 물리적 공간은 단단히 막힌 채 그 틈새조차 찾지 못한다. 이러한 모습은 북위 높은 지역에서 태어난 사람이라면 누구나 익숙할 법한 겨울 저녁 풍경이다. 이러한 즐거움은 아이스크림처럼 차가운 대기의 온도가 반드시 필요하며, 폭풍우나 험악한 날씨 없이는 성숙할 수 없는 열매와 같다. 나는 눈이든, 매서운 서리든, 혹은 강한 바람이든 상관없다. 그 바람이 너무 강해 마치 등을 기댈 수 있는 기둥처럼 느껴진다고 말하는 어떤 이의 표현처럼 강렬하다면 더욱 좋다. 심지어 고양이와 개가 쏟아지는 정도의 비라면 받아들일 수 있다.[22] 그러나 만약 아무런 이런 날씨가 없다면 나는 마치 부당한 대우를 받은 듯한 기분이 든다. 왜냐하면, 나는 겨울을 맞이하며 석탄과 촛불 같은 비용을 지불해야 하기 때문이다. 그래서 나는 캐나다나 러시아 같은 겨울을 원한다. 그곳에서는 모든 사람이 북풍과 함께 자신의 귀를 공동 소유하는 듯하다.

나는 겨울밤을 완전히 즐기기 위해 완벽한 조건이 필요하다고 생각한다. 하지만 겨울이 세인트 토마스 데이[23]를 지나 봄의 기운이 느껴지는 쪽으로 기울어질 때는 그 즐거움이 반감된다. 진정한 겨울은 어두운 밤으로 나뉘어야 하며 빛과 햇살로의 복귀와는 완전히 단절된 상태여야 한다. 그래서 10월 말부터 크리스마스이브까지가 행복이 제철을 맞는 기간이라고 나는 믿는다.

차는 행복이 방 안으로 스며드는 길을 연다. 차는 신경이 거칠거나 와인을 마셔 둔감해진 사람들이 비웃을 수 있지만 지적이고 섬세한 자극을 제공하는 음료다. 나로서도 조나스

22) 중세 잉글랜드의 상황: 오래된 지붕에서 비가 많이 내릴 때 지붕 위에 있던 동물(특히 고양이와 개)이 비와 함께 떨어지곤 했다는 전설에서 비롯되었다는 설.

23) 세인트 토마스 데이(St. Thomas's Day)는 전통적으로 12월 21일 또는 12월 22일, 동지(겨울철 낮이 가장 짧은 날)와 가까운 날에 해당한다. 이는 예수의 열두 제자 중 한 명이자 의심 많은 도마(Doubting Thomas)로 알려진 사도 토마스를 기념하는 날이다.

한웨이[24] 같은 불경한 사람이 차를 폄하하려 한다면 드. 존슨[25]과 함께 그를 비난할 것이다. 하지만 여기서는 너무 많은 설명을 피하기 위해 나는 화가를 등장시키고 그에게 나머지 그림을 그리도록 지시할 것이다. 화가들은 날씨에 많이 노출된 오두막을 좋아하지 않지만 독자가 이제 겨울밤이라는 것을 알기 때문에 그의 도움은 필요 없다. 그가 해야 할 일은 집 안의 풍경을 그리는 것뿐이다.

방 하나를 그려라. 그 방은 17피트 x 12피트 크기에 높이는 7피트 6인치가 넘지 않는다. 이 방은 내 가족들 사이에서 다소 대담하게 '응접실'이라 불린다. 하지만

'이중 의무를 지고' 설계된 이 방은 더 적합하게 '서재'라고도 불린다. 왜냐하면, 나는 책만큼은 그 어느 이웃보다 더 많이 가지고 있기 때문이다. 나는 약 5천 권의 책을 가지고

24) 조나스 한웨이(Jonas Hanway, 1712~1786)는 영국의 상인, 자선가, 여행가로 그는 런던에서 우산 사용을 대중화한 인물로 당시 우산을 사용하는 것이 독특해 조롱받았으나 이를 보급시켰다. 또 고아와 빈민을 돕는 해군 고아원 설립 등 자선 활동에 헌신했다. 한웨이는 여행기와 사회 개혁 관련 글도 저술했으며, 특히 페르시아 여행기는 중동 지역을 유럽에 소개한 중요한 기록으로 평가받는다. 사회 개혁과 자선 사업으로 존경받는 역사적 인물이다.

25) 드. 존슨(Dr. Samuel Johnson, 1709~1784)은 영국의 문학가, 비평가, 사전 편찬자로, '영어사전'(A Dictionary of the English Language, 1755)을 집필하며 영어 연구에 지대한 공헌을 한 인물로 문학 비평과 산문 작품으로도 잘 알려져 있으며, '램블러스'(The Rambler)라는 에세이 연재를 통해 도덕적, 철학적 사유를 대중에게 전달했다. 존슨은 특유의 재치 있는 화법과 날카로운 비평으로 명성을 얻었고, 그의 삶은 제임스 보즈웰의 전기(The Life of Samuel Johnson)로도 유명하다. 그는 영국 문학사에서 가장 영향력 있는 인물 중 하나로 평가받는다.

있다. 이는 내가 18세 때부터 점차적으로 모은 것이다. 그러므로 화가여, 이 방에 최대한 많은 책을 그려 넣어라. 책으로 가득 차게 그려라. 그리고 또한 나를 위해 좋은 불을 그려라. 그리고 학자의 소박한 오두막에 어울리는 간소하고 검소한 가구들을 그려라. 그리고 불 옆에 티 테이블을 그려라. 또한 (이런 폭풍우 같은 날에 누가 찾아올 수 있겠는가) 차 트레이에는 컵과 소서(컵받침) 두 개만 올려놓고 만약 상징적으로나 다른 방법으로 그런 것을 그릴 수 있다면 나에게 영원한 차 주전자를 그려라. 영원히, 현재와 미래 모두에 걸쳐진 나는 대개 밤 8시부터 새벽 4시까지 차를 마신다. 그리고 내가 차를 만드는 것이나 차를 따르는 것은 매우 불쾌하므로 사랑스러운 젊은 여성을 테이블에 앉아 있는 모습으로 그려라. 그녀의 팔은 오로라(새벽의 여신)처럼, 미소는 헤베(젊음의 여신)처럼 그려라.

하지만 아니, 친애하는 화가여, 나의 오두막을 밝혀주는 힘이 단지 개인적인 아름다움에 의존한다고는 절대 말하지 마라. 아니, 그 무엇도 그렇게 천상의 미소처럼 인간의 화필이 그릴 수 있는 영역에 속할 수 없다는 것을 알지 않는가. 그렇다면 화가여, 그린 그림을 당신의 상상대로 그려라. 화가의 상상력이 아름다운 창작물로 가득 차 있다면 그것으로 나는 분명 마음에 들 것이다.

그리고 이제, 독자여! 우리는 1816년-17년 동안 내 상태의 10가지 범주를 모두 살펴보았다. 나는 그해 중반까지 행복한 사람이었음을 판단한다. 그리고 그 행복의 요소들을 위에서 묘사한 산속 오두막에 있는 학자의 서재의 그림을 통해 당신에게 보여주려 했다.

하지만 이제 작별이다. 행복과의 긴 작별! 겨울이든 여름이든 상관없다! 미소와 웃음에게 작별이다! 마음의 평화에 작별이다! 희망과 고요한 꿈에 작별이다! 그리고 축복받은 잠의 위안에도 작별이다. 왜냐하면, 나는 이제 3년 반 이상을 이 모든 것들과 이별해야 한다. 나는 이제 고통의 일람을 기록해야 하기 때문이다. 나는 이제 아편의 고통을 기록해야 한다. 마치 어떤 위대한 화가가 지진과 일식의 어두운 색조에 그의 붓을 담갔을 때처럼.

3. 글을 쓰는 이유

지금까지 나와 함께한 독자들에게 나는 내 이야기를 이어가기 전에 세 가지 사항에 대해 간단한 설명을 하고자 한다.

여러 가지 이유로 나는 이 부분의 서술을 규칙적이고 연결된 형태로 구성할 수 없었다. 나는 기억에서 끌어낸 대로 혹은 그때그때 적은 대로 단편적으로 제공한다. 그중 일부는 날짜를 명시해 두었고, 일부는 날짜가 없다. 목적에 맞게 자연스럽게 연대순으로 옮겨 놓을 수 있다면 나는 그것을 주저하지 않고 그렇게 했을 것이다. 나는 때때로 현재 시제와 과거 시제로 이야기한다. 어쩌면 이 노트들 중 일부는 내가 이와 관련된 시기에 정확히 쓴 것이 아닐 수도 있다. 하지만 그렇다고 해서 정확성에 큰 영향을 미치지는 않는다. 왜냐하면, 그때마다 내가 받은 인상은 내 마음에서 결코, 사라지지 않는 것이기 때문이다. 내 이야기에는 많은 내용이 생략되었으며 나는 내 뇌에 떠오르는 그 모든 공포의 짐을 규칙적인 이야기로 풀어내는 것을 어렵게 느꼈다. 이것을 내 글에 대한 부분적으로 변명으로 삼고, 나는 지금 런던에 있다. 나 자신이 혼자서 서류를 정리할 수 없는 도움이 필요한 사람이라는 점을 말하고 싶다. 나는 나를 도와주던 사람들과 떨어져 있다.

여러분은 아마도 내가 너무 개인적인 역사를 과하게 털어놓고 있다고 생각할 수도 있다. 그럴 수도 있다. 하지만 나는 글을 쓸 때 내 생각을 그대로 드러내며 누가 듣고 있는지 크게 신경 쓰지 않는다. 만약 내가 이 사람에게 또는 저 사람에게 무엇을 말해야 할지 고민하다 보면, 결국 아무것도 말할 수 없게 될 것이다. 사실, 나는 지금으로부터 15년, 20년 뒤의 내가 이 글을 읽고 있을 것이라고 상상하며, 후에 나에 대해 궁금해 할 사람들을 위해 기록을 남기고자 한다. 그래서 내가 지금 할 수 있는 한 노력해서 최대한 자세히 남기고자 한다. 그 이유는 앞으로 다시 이런 시간을 내어 글을 쓸 수 있을지 모르기 때문이다.

5장

아편에서 벗어나지 못한 이유

1. 나의 학문적 능력의 상실
2. 정치경제학으로의 전환
3. 꿈의 건축
4. 꿈의 두려움

5장

아편에서 벗어나지 못한 이유

여러분은 아마도 왜 아편의 고통에서 벗어나지 않느냐고 나에게 묻고 싶을 것이다. 이 질문에 대해 간단히 답하겠다. 어떤 사람들은 아편의 매력에 아주 쉽게 빠지지 않을 거라고 생각할 수도 있다. 하지만 그 어떤 사람도 아편의 매력에 공포를 느낄 수는 없다. 그러니 확실히 말할 수 있다. 나는 아편을 줄이려고 수없이 시도했다. 그러나 나의 고통을 목격한 사람들, 나 자신이 아니라 그들이 먼저 그만두라고 부탁했다. 아니면 아편을 조금씩 줄일 수 있지 않았냐고 생각할 수도 있겠다. 하루 한 방울씩 줄이거나 물을 더해 한 방울을 나누면 될 것이라고 말이다. 그러나 그런 방식은 6년이 걸릴 수도 있다. 그러나 그것은 아편을 경험하지 않은 사람이 하는 착각이다.

나는 그 점을 확실히 말씀드리고 싶다. 처음에는 쉽게 줄여나갈 수 있지만 어느 시점부터는 줄이는 것 자체가 엄청난 고통을 동반하게 된다. 물론, 많은 사람이 생각 없이 말하는 것처럼 기분이 우울해지거나 몇 날 며칠 동안 침울해질 것이라 생각할 수도 있다. 그러나 실제로는 전혀 그렇지 않다. 오히려 몸의 기운은 더욱 상승하고 맥박도 좋아지며, 건강도 나아진다. 아편을 줄임으로서 받는 고통은 그런 것이 아니다. 그것은 위장이 극도로 자극을 받아 너무나 견디기 힘든 상태가 되며 땀은 비 오듯 흐르고 그 외에 설명할 수 없는 느낌들이 엄청나게 밀려온다. 이제 나는 아편의 고통이 절정에 달했을 때 그로 인한 지적 능력의 마비에 대해 설명할 것이다.

1. 나의 학문적 능력의 상실

내 학문은 지금 이미 오래 중단된 상태이다. 나는 혼자서 즐겁게 책을 읽을 수 없다. 잠깐이라도 참을 수 있는 순간이 거의 없다. 그러나 나는 때때로 다른 사람들을 위해 책을 읽기도 한다. 왜냐하면, 읽기는 나의 중요한 능력 중 하나이기 때문이다. 그리고 이 능력은 외적으로 드러나는 얕은 기술이나 장식적인 성과로 볼 수 있다. 예전에 내게 자부심이 조금이라도 있었다면 그것은 바로 책 읽는 능력 때문이었다. 왜냐하면, 나는 책을 잘 읽는 사람이 별로 없다는 것을 알았기 때문이다.

연극배우들이 가장 읽기를 못한다.

그들은 형편없이 읽고 유명한 여배우도 드라마 외에는 제대로 읽지 못한다. 밀턴도 잘 읽지 못한다. 일반적으로 사람들은 시를 아무런 감정 없이 읽거나, 과도하게 읽거나 해서 자연스러운 느낌을 잃는다. 최근에 나는 책에서 감동을 받을 때가 있었다. 그것은 바로 '삼손의 비탄'[26]이나 '낙원의 회복'[27]에서 사탄의 연설을 읽었을 때였다. 나는 때때로 젊은 여성이 우리 집에 와 차를 마실 때 그녀의 요청으로 시를 읽기도 한다.

26) '삼손의 비탄'은 성경의 삼손 이야기를 바탕으로 한 희곡 형식의 시로, 비극적 영웅 삼손이 신앙과 속죄를 통해 자신의 약함을 극복하고 최후의 구원을 이루는 이야기를 그린다. 밀턴의 작품 중 가장 내면적이며 개인적인 종교적 고뇌를 반영한 것으로 평가된다.

27) '낙원의 회복'은 밀턴의 대작 '실낙원'(Paradise Lost)의 후속작으로, 예수 그리스도의 유혹에 맞서는 이야기를 담고 있다. 비교적 간결한 서사로 구성되었으며, 인간의 죄와 구원, 신의 계획에 대한 신학적 통찰을 담고 있다.

2. 정치경제학으로의 전환

거의 2년 동안 나는 하나의 책만 읽었다. 그리고 그 책이 무엇인지 저자에게 감사의 마음을 전하며 이야기해야 할 의무가 있다. 나는 여전히 고상하고 열정적인 시인들의 작품을 간간히 읽는다. 하지만 내 본래의 작업은 분석하고 이해력의 발전을 이루어야 한다는 것을 잘 알고 있다. 대개 분석적인 연구는 끊임없이 이어져야 하는데, 나는 그저 단편적인 노력만 할 수 있었다. 이는 수학이나 철학 등 더 이상 나에게 참을 수 없는 고통이 되었다. 나는 그런 학문들을 피하려 했다. 그런데 그때 나는 정치경제학에 관심을 두게 되었다. 내 이해력은 예전처럼 활발하지 않았다. 하지만 정치경제학은 당시 내 상태에서 그나마 다룰 수 있는 주제였다.

하나의 깊은 이해가 담긴 작업이 나에게 몇 년 동안 알지 못했던 즐거움과 활동을 제공해주었다. 그것은 나를 다시 글을 쓰게 만들었다. 적어도 내가 쓰는 것을 대신해 M이 기록하게 했다. 나는 느꼈다. 중요한 진리들이 미스터 리카르도 조차도[28] 놓친 것들이라고 그리고 그 진리들은 대부분 경제학

28) "미스터 리카르도조차"라는 표현은 문맥상 데이비드 리카르도(David Ricardo) 같은 인물을 언급하며, 그의 의견이나 행위를 기준으로 삼아 무언가를 강조하려는 의도로 보인다. 리카르도는 영국의 경제학자로, 자유 무역과 비교우위 이론으로 잘 알려져 있다.

자의 서투르고 느린 말투보다는 대수 기호를 사용하여 더 간결하고 우아하게 표현할 수 있었기 때문에 이 작업은 주머니 속에 넣을 만한 크기였다. 상당히 간결하게 되어 있었다. M이 나의 서기 역할을 해주었기에 나는 이 글을 완성할 수 있었다. 심지어 지금 나는 모든 일반적인 노력조차 할 수 없었지만『미래의 모든 정치경제학 시스템에 대한 서론』을 작성했다.

이 글이 아편의 흔적을 풍기지 않기를 바란다. 그러나 사실 대부분 사람에게 그 주제 자체가 충분한 진통제 역할을 한다. 그러나 이 노력은 일시적인 불꽃에 불과했다. 후속 작업에서 보듯 나는 내 작업물을 출판하려 했다. 그것을 인쇄할 수 있도록 18마일 정도 떨어진 지방의 인쇄소와 약속을 했으며 그로 인해 추가적인 조판공도 몇 날 동안 고용되었다. 작업은 두 번 광고되었고 나는 내 의도를 실현할 것이라고 다짐한 셈이었다. 그러나 나는 서문을 써서 리카르도 씨에게 드릴 헌사를 화려하게 작성하고 싶었다. 결국, 나는 이 모든 작업을 마칠 수 없다는 것을 알게 되었다. 계획은 취소되었다. 조판공은 해고되었으며, 내 서론은 더 나이 많고 품위 있는 형제 옆에 조용히 놓여졌다.

따라서 그의 이름이 등장한다면, 그가 논리적이고 경제학적으로 매우 엄격한 관점을 가진 인물임을 암시하며, 그의 판단을 예외적으로 인정하거나 의외성을 드러내는 맥락일 가능성이 높다.

나는 이렇게 내가 경험한 지적 무기력에 대해 설명했다. 그것은 내가 아편의 마법에 걸린 4년 동안의 모든 부분에 어느 정도 적용된다. 고통과 고난을 제외하고는 사실 내가 깨어 있었다고 할 수 있을지 모르겠다. 나는 스스로 편지를 쓸 마음을 거의 낼 수 없어서 내가 받은 편지에 대한 답장은 그저 몇 마디일 뿐이었다. 그리고 종종 그 편지가 내 책상 위에 몇 주, 몇 달 동안 그대로 놓여있었다. M이 없었다면, 내가 지불한 청구서나 지불해야 할 청구서를 기록한 모든 문서는 사라졌을 것이다. 내 가정 경제는 정치경제학이 무엇이든 간에 회복 불가능한 혼란에 빠졌을 것이다. 나는 더 이상 이 부분에 대해 언급하지 않겠다. 그러나 아편 사용자는 결국 이와 같은 상황을 그 어떤 다른 고통만큼이나 괴롭고 압박적인 것으로 느낄 것이다. 그것은 무능력과 나약함의 감각이 각 날의 적절한 의무를 등한시하거나 미루는 것에서 오는 직접적인 난처함이다. 그리고 이 모든 문제는 성찰적이고 양심적인 마음을 자극하는 후회의 감정 때문이다. 아편 사용자는 자신의 도덕적 감각이나 열망을 잃지 않는다. 그는 여전히 자신이 믿을 수 있는 것과 의무로서 해야 할 일을 실현하고자 한다. 그러나 그의 지적 능력은 그것을 실행할 수 있는 능력뿐 아니라 시도할 능력조차 부족하다. 그는 악몽처럼 압박을 받는다. 그는 자신이 하고자 하는 일들을 바로 앞에 두고 마치 병상에 누워 있어 모든 것을 지켜볼 수밖에 없는 고통받는 사람처럼 지낸다. 그는 자신을 가둔 마법에 저주를 내리며 일어나서 걸을 수만 있다면 목숨을 내놓을 준비가 되어 있다. 그러나 그는 어린아이처럼 무력하고 일어설 시도조차 할 수 없다.

이제 나는 꿈속에서 일어난 일들을 다룰 것이다. 이 부분이 내 고통의 가장 직접적이고 근본적인 원인이었다.

1817년 중반쯤 나는 내 신체적 변화 중 눈과 관련된 상태의 재발을 경험했다. 어린 시절이나 과도하게 예민한 상태에서 흔히 볼 수 있는 현상이다. 아이들이 어두운 곳에서 다양한 유령이나 환영을 보는 능력을 가질 수 있다. 어떤 아이들은 단순히 눈의 기계적인 반응에서 오는 것일 수도 있지만, 또 다른 아이들은 그것들을 스스로 소환하거나 보내는 능력을 갖고 있다. 내가 1817년 중반 이 능력이 내게서 고통스럽게 느껴지기 시작했다. 밤에 잠을 자지 않고 누워 있을 때 거대한 행렬들이 슬프게 지나가며, 끝없이 이어지는 이야기를 나는 슬프고 장엄하게 느꼈다. 동시에 내 꿈에서는 한 편의 연극처럼 천상의 화려함이 펼쳐지기 시작했다. 그때 일어난 네 가지 사실을 언급할 수 있다.

내 눈의 창조적 상태가 증가함에 따라 뇌의 깨어 있는 상태와 꿈꾸는 상태 사이에 한 가지 점에서 공감이 생기는 것 같았다. 내가 어둠 속에서 자발적으로 무엇이든 떠올리고 그것을 추적할 때 그것은 매우 쉽게 내 꿈으로 전이되었다. 나는 이 능력을 사용하는 것을 두려워했다. 왜냐하면, 미다스[29]가 모든 것을 금으로 바꾸었듯이 그의 희망을 배반하고 인간적인 욕망을 속였던 것처럼 내가 어둠 속에서 시각적으로 표현할 수 있는 모든 것들은 내가 그것을 생각하는 순간 바로 눈앞의 환영으로 변했다. 그리고 그것들은 마치 잉크로 쓰여진 동화처럼 한 번 희미하고 환상적인 색으로 추적되면 내 꿈의 강렬한 화학 작용에 의해 견딜 수 없는 화려함으로 뽑혀 나왔다.

내 꿈에서 일어난 모든 변화는 깊은 불안과 우울증을 동반했다. 말로는 전할 수 없는 그런 상태였다. 나는 매일 밤 은둔과 햇빛 없는 깊은 협곡으로 내려가는 것처럼 느꼈다. 그곳에서 나는 다시는 올라올 수 없을 것 같은 깊이로 떨어진 것 같았다. 그리고 깨어났을 때 나는 내가 다시 올라온 것 같지 않았다. 나는 이 부분에 대해 계속 언급하지 않겠다. 왜냐하면, 이러한 화려한 광경들에 따르는 우울한 상태는 결국 자살과 같은 절망감처럼 완전한 어둠에 이르게 되는 상태로

29) 미다스(Midas)는 그리스 신화에 나오는 전설적인 왕으로, 무엇이든 만지기만 하면 금으로 변하게 되는 "미다스의 손"으로 잘 알려져 있다. 그는 프리기아의 왕으로, 신 디오니소스를 잘 대접한 보답으로 이 능력을 얻었다. 하지만 음식과 음료조차 금으로 변하게 되어 고통을 겪게 되었고, 결국 디오니소스에게 이 능력을 없애달라고 간청하여 강에서 씻음으로써 저주를 풀게 된다.

말로 표현할 수 없기 때문이다.

공간의 감각과 결국 시간의 감각이 모두 강력하게 영향을 받았다. 건물, 풍경 등은 육체의 눈으로 받아들일 수 없는 비율로 나타났다. 공간은 끝없이 확대되어 말로 표현할 수 없는 무한함으로 확장되었다. 그러나 시간의 확장이 더 충격적이었다. 나는 때때로 하룻밤에 70년 또는 100년을 살았던 것처럼 느꼈다. 아니, 때로는 천 년을 살았다고 느끼거나 적어도 인간의 경험의 한계를 넘어서는 시간을 경험한 듯한 느낌을 받았다.

어린 시절의 가장 사소한 사건이나 잊고 있던 최근의 장면들이 자주 떠올랐다. 나는 그것들을 기억한다고 할 수 없었다. 왜냐하면, 깨어 있을 때 그것들을 들으면 나는 그것들이 내 과거 경험의 일부임을 인정할 수 없었을 것이다. 그러나 그것들이 꿈속에서 마치 직관처럼 나에게 펼쳐졌을 때 모든 순간의 감정과 함께 그것들이 다시 내 앞에 놓여 있었다. 나는 그것들을 즉시 알아볼 수 있었다. 나는 가까운 친척에게 들은 이야기가 있었다. 그녀가 어린 시절 강에 빠져 거의 죽음에 이를 뻔했으나 결정적인 도움 덕분에 살아남자 그 순간 자신의 전 생애가 마치 거울을 보는 것처럼 동시에 펼쳐지며 모든 부분을 완벽하게 이해할 수 있는 능력이 갑자기 생겼다고 말했다.

나는 직접 아편을 복용해본 경험을 통해 그녀의 말을 믿을 수 있다. 또 나는 이와 유사한 경험이 현대의 두 책에서 언급된 것을 보았다. 그 책들에서는 이렇게 말한다. 성경에서 말하는 '두려운 회계의 책'이란 사실 각 개인의 마음 그 자체라고, 나 역시 마음속에서 잊혀지는 것은 없다는 것을 알고 있다. 수천 가지 사고가 우리의 현재 의식과 마음의 비밀스러운 기록 사이에 장막을 드리울 수 있지만, 어떤 사고들이 그 장막을 벗기기도 한다. 그러나 장막에 가려지든 드러나든 그 기록은 영원히 남는다. 마치 별들이 낮의 빛에 의해 사라지는 것처럼 보이지만, 사실 우리는 그것들이 빛에 가려진 것일 뿐이며 그들이 다시 드러날 날을 기다리고 있다는 것을 알고 있다. 이 네 가지 사실을 내 꿈에서의 건강한 꿈들과 구별되는 중요한 특징임을 알리며, 나는 첫 번째 사실을 잘 보여주는 사례를 들어보려 한다. 그리고 내가 기억하는 다른 사례들도 그들의 시간 순서대로 혹은 다른 방식으로 독자들이 더 효과적으로 이해할 수 있게 그림을 그려줄 수 있는 방식으로 제시할 것이다.

3. 꿈의 건축

몇 년 전, 내가 피라네시의 '로마의 유적'을 살펴보던 중 옆에 있던 콜리지 씨가 피라네시의 또 다른 작품 '꿈들(Dreams)'을 설명해주었다. 이 작품은 그가 열병을 앓았을 때 혼란 속에서 나타난 자신의 비전을 기록한 판화들이다. 그중 일부는 (콜리지 씨의 설명에 의하자면) 거대한 고딕 양식의 홀을 나타내고 있었다. 홀의 바닥에는 각종 기계 장치들로 바퀴, 케이블, 도르래, 지레, 투석기 등, 엄청난 힘이 발휘되고 저항이 극복되는 장면이 표현되었다. 벽을 따라 기어오르는 계단이 보였고 그 위로 피라네시 자신이 올라가고 있었다. 계단을 조금 더 따라가면 갑자기 그 끝이 막히고 난간이 없으며 그 끝에 다다른 피라네시가 나아갈 곳은 깊은 절벽 아래로 떨어지는 것뿐인 상황이었다. 그러나 눈을 들어보니 또 다른 계단이 나타났고 그 위에서 다시 피라네시가 보였다. 이 계단은 절벽 가장자리에 놓여 있었고, 그 위로 또 한 번 계단이 더 올라가며 피라네시가 여전히 그 작업을 이어가고 있었다. 이와 같은 무한히 이어지는 계단과 피라네시의 모습은 하늘을 향해 끝없이 이어지는 구조물처럼 보였다.

이와 같은 무한한 성장과 자기 재생의 힘은 나 역시 꿈속에서 경험했다. 내 병의 초기 단계에서 꿈의 찬란함은 주로 건축적인 형태로 나타났다. 내가 본 도시는 하늘에서 본 적 없는 웅장함을 자랑하는 궁전과 도시들이었다. 유명한 현대 시인의 구절을 인용하자면, 그가 구름 속에서 본 모습은 다음과 같았다.

"바로 드러난 모습은 거대한 도시였다. 대담하게 말하자면 건물들의 광활한 황무지 같이 깊고 놀라운 깊이로 빠져들며 끝없이 빛나는 환상 속으로 사라지는 다이아몬드와 금으로 이루어진 건축물들, 대리석 돔과 은빛 첨탑, 폭발적인 테라스들이 층층이 쌓여 있고 여기서는 밝게 빛나는 파빌리온(임시구조물, 천막, 부속건물)들이 정렬된 거리마다 있었다. 거기에는 요새로 둘러싸인 탑들이 있고 그들의 불안정한 표면에는 별들이 떠 있었다."

이와 같은 장관은 내 꿈속에서도 종종 등장했다. 그가 본 '불안정한 표면에 별들이 떠 있는 요새'와 같은 장면은 내가 꾸었던 꿈속 건축물에서 자주 나타났다.

4. 꿈의 두려움

1818년 5월 말레이인은 수개월 동안 두려운 적이었다. 나는 그의 영향으로 매일 밤 꿈에서 아시아적인 장면들 속으로 옮겨졌다. 이 점에 대해 다른 사람들이 나와 같은 감정을 공유하는지 모르겠다. 하지만 나는 종종, 만약 내가 영국을 떠나 중국에서 살거나 중국의 문화와 생활, 풍경 속에 살아야 한다면 미칠 것이라고 생각했다. 내 공포의 원인은 깊은 곳에 있으며 그중 일부는 다른 이들과 공통될 것이다. 남아시아는 전반적으로 무시무시한 이미지와 연상들이 얽혀 있는 곳이다. 인류의 발상지로서 그 자체만으로도 흐릿하고 경외감을 불러일으키는 감정을 일으킨다. 하지만 다른 이유들도 있다. 아프리카나 다른 야만적인 부족들의 미친 듯한 변덕스러운 미신들은 나에게 영향을 미친다고 할 수는 없다. 그렇지만 인도스탄(인도)과 같은 곳의 고대적이고 기념비적이며 잔인하고 복잡한 종교들은 나에게 깊은 영향을 주었다. 아시아의 것들의 단순한 고대성, 그들의 제도와 역사, 신앙의 방식 등은 너무나 인상적이어서 나는 그들의 존재가 개인적인 젊음보다는 그들의 이름과 인종의 거대한 나이에 압도당하는 느낌을 받았다. 젊은 중국인도 나에게는 고대적인 존재가 다시 태어난 인간처럼 느껴졌다.

그런 제도에 대한 지식이 없는 영국인들조차 아시아의 고대 이름이나 이미지에 대해 겸허함을 느끼지 않을 수 없다. 중국은 남아시아와 공통된 점 외에도 그들의 삶의 방식과 태도, 그리고 감정의 벽은 나에게 깊은 혐오감을 불러일으킨다. 나는 차라리 미친 사람들과 짐승들과 사는 것이 더 나을 것 같다. 이런 점들과 더 많은 이유들로 독자는 내가 지니고 있는 아시아적인 이미지와 신화적인 고통들에 대한 꿈들이 나에게 얼마나 크게 영향을 끼쳤는지 그 상상할 수 없는 공포를 이해해야 할 것이다.

나는 아시아의 모든 생물, 새들, 짐승들, 파충류들, 나무와 식물들, 관습과 열대 지역에서 발견되는 것들을 중국이나 인도 땅에 모았다. 그런 연상으로 그 신들을 이집트와 같은 법칙 아래 두었다.

나는 여러 신전 속으로 뛰어들었고 수 세기 동안 그 꼭대기나 비밀의 방에 갇히기도 했다. 나는 우상이었다. 나는 제사장이었다. 나는 숭배 받았다. 나는 희생당했다. 나는 브라만(모든 존재의 근원이며, 우주의 궁극적이고 불변하는 실체)의 분노를 피해 아시아의 숲을 헤매며 도망쳤다. 비슈누(세계의 보존과 질서를 담당하는 신)는 나를 미워했다. 시바[30]는 나를 기다렸다. 나는 갑자기 이시스와 오시리스[31] 앞에 섰고 그들은 내가 이비스와 악어가 떨고 있을 일을 저질렀다고 말했다. 나는 천년 동안 돌관 속에 묻혀 미라들과 스핑크스들이 있는 영원한 피라미드의 좁은 방에 갇혔다. 나는 악어에게 키스 받고 나일강의 진흙과 갈대 속에서 형언할 수 없는 모든 끈적거리는 것들과 함께 쌓였다.

나는 아시아적인 꿈에 대해 간략한 추상만을 독자에게 전달할 뿐이다. 이 꿈들은 그 거대한 장면들로 인해 나를 압도시켰고, 그 공포는 잠시 동안 순수한 놀라움으로 흡수되기

30) 시바는 파괴와 창조의 조화를 상징하며, 내적 성찰과 깨달음의 길을 제시하는 신으로, 힌두교뿐 아니라 전 세계적으로도 상징적이고 철학적으로 중요한 인물로 여겨진다.

31) 이시스(Isis)는 고대 이집트의 생명과 마법의 여신으로, 사랑과 치유를 상징하며, 남편 오시리스(Osiris)를 부활시킨 전설로 유명하다. 오시리스는 죽음과 부활의 신으로, 이집트의 지하세계와 심판을 다스리며 영생을 상징한다.
이시스와 오시리스의 신화는 희생과 재생, 사랑과 부활의 상징으로 해석된다.

도 했다. 그러나 결국, 이 감정은 다시 돌아와 나를 미칠 것 같은 고통으로 몰아갔다. 모든 형태와 위협, 처벌, 그리고 어두운 감옥 속에 있는 모든 것들에는 끝없는 시간과 무한함의 느낌이 깃들어 있었고 이는 나를 광기와 억압으로 몰아넣었다.

1819년 6월 나는 여러 시기에 걸쳐 우리가 사랑하는 사람들의 죽음, 그리고 일반적으로 죽음을 되새기는 것이(ceteris paribus) 다른 계절보다 여름에 더 감동적이라는 점을 알게 된 기회가 있었다. 그 이유는 세 가지라고 생각한다. 첫째, 여름의 하늘은 훨씬 더 높고, 멀고, (이런 모순이 용서된다면) 더 무한해 보인다. 구름은 여름에 더 부풀어 오르며 더 커지고, 더 웅장하게 쌓인다. 둘째, 여름의 저무는 해와 그 빛의 모습은 무한을 상징하는 좋은 표본이 된다. 셋째, (가장 중요한 이유) 생명의 넘치고 폭발적인 풍요로움은 자연스럽게 겨울의 죽음과 무덤의 불모성에 대한 생각을 더 강하게 끌어낸다. 일반적으로 두 가지 생각이 서로 반대되는 법칙으로 관계를 맺고 서로 밀어내듯 존재할 때 이들은 서로를 떠올리게 된다.

이런 이유로 나는 여름날 홀로 걸으며 죽음에 대한 생각을 지울 수 없었다. 그리고 더 감동적이지 않은 특정한 죽음이 아니더라도 그 생각은 여름이라는 계절에 더 강하게 나를 따라다닌다. 아마도 이 원인과 내가 생략하는 작은 사건이 다음 꿈을 일으킨 직접적인 원인이었을 것이다. 하지만 이 꿈은 내 마음속에 항상 존재해 왔을 것이다. 한 번 깨어나면 그것은 나를 떠나지 않았고 천 가지 기괴한 변형으로 나뉘어 자주 갑작스레 다시 합쳐지면서 원래의 꿈을 이루었다.

나는 그날이 5월의 일요일 아침이라고 생각했다. 그것은 부활절 일요일로 아직 이른 아침이었다. 나는 내 작은 집의 문 앞에 서 있는 것처럼 느꼈다. 바로 앞에는 내가 실제로 그 위치에서 볼 수 있는 장면이 있었지만 꿈의 힘으로 고양되고 성스럽게 변화된 장면이었다. 항상 보이던 산들과 그 발치에 펼쳐진 아름다운 계곡이 있었다. 하지만, 꿈속에서 그 산들은 알프스보다 더 높은 곳에 있었고 그들 사이에는 더 넓은 초원과 숲이 펼쳐져 있었다. 울타리는 흰 장미로 풍성했다. 살아있는 생물은 아무것도 보이지 않았다. 하지만 초록색 교회 묘지에는 소들이 평화롭게 무덤 위에 누워 있었다. 특히 내가 사랑했던 한 어린이의 무덤 주위에 있었다. 나는 그 익숙한 장면을 바라보며 이렇게 말했다.

"아직 해가 뜨지 않았고, 오늘은 부활절 일요일이다. 오늘은 부활의 첫 열매를 기념하는 날이다. 나는 밖으로 나가겠다. 오래된 슬픔은 오늘 잊어버리겠다. 공기는 시원하고 고요하며 산들은 높고 하늘로 이어진다. 숲속의 공터는 교회 묘지처럼 조용하다. 이슬로 이마의 열을 씻으면 더 이상 불행하지 않을 것이다."

나는 정원을 열려는 듯 방향을 틀었다. 그때 왼쪽에 전혀 다른 장면이 펼쳐졌다. 그 장면은 꿈의 힘으로 다른 장면과 조화롭게 결합되었다. 그 장면은 동양적인 장면이었다. 그리고 그곳에서도 부활절 일요일 아주 이른 아침이었다. 먼 곳에 지평선에 얼핏 보이는 대도시의 돔과 둥근 지붕들이 있었다. 아마 어린 시절 어떤 예루살렘의 그림에서 본 이미지나 추상일 것이다. 그리고 나로부터 화살 한 개가 닿지 않는 거리의 돌 위에 한 여자가 앉아 있었다. 나는 그 여자를 바라보았다. 그것은 바로 앤이었다!

그녀는 나를 진지하게 바라보았다. 나는 마침내 그녀에게 말했다.

"드디어 널 찾았구나." 나는 기다렸다.

그러나 그녀는 한 마디도 대답하지 않았다. 그녀의 얼굴은 내가 마지막으로 봤던 때와 같았다. 그러나 또 그때와는 어떻게 다른지, 나는 알 수 없었다. 17년 전, 램프 불빛 아래에서 그녀의 입술에 마지막으로 입을 맞추었을 때 그녀의 눈에는 눈물이 흐르고 있었다. 이제 그 눈물은 사라지고 없었고 그녀는 그때보다 더 아름다워 보였다. 하지만 다른 점은 전혀 없었고 나이를 먹지 않은 것처럼 보였다. 그녀의 표정은 고요했다. 하지만, 이상하게도 엄숙함이 있었다. 나는 어느 정도 경외심을 느끼며 그녀를 바라보았다. 그러나 갑자기 그녀의 얼굴이 흐려지더니 산 사이로 안개가 흘러가는 것이 보였다. 순식간에 모든 것이 사라졌다. 짙은 어둠이 찾아와 눈 깜짝할 사이에 나는 산들을 떠나 옥스퍼드 스트리트에서 램프 불빛 아래에서 다시 앤과 걷고 있었다. 그것은 우리가 17년 전 어린 시절에 함께 걸었던 것처럼 그대로였다.

6장

레바나와 우리의 슬픈 여인들

1. 두 번째 자매, 눈물의 여왕
2. 세 번째 자매, 어둠의 여왕
3. 마지막 아편 사용자의 수첩
4. 오래된 아편 중독자의 주머니에서 나온 노트

6장

레바나와 우리의 슬픈 여인들

내가 예전에 겪었던 상태의 한 가지 흔적이 여전히 남아 있다. 내 꿈은 아직 완전히 차분하지 않다. 폭풍의 두려운 파도와 격동은 완전히 가라앉지 않았다. 그 속에 진을 친 군대들은 물러가고 있지만 모두 떠난 것은 아니다. 내 잠은 여전히 혼란스럽다. 우리의 첫 조상이 천국의 문을 돌아볼 때의 모습처럼 그것은 여전히(밀턴의 위대한 구절처럼) 무서운 얼굴들로 가득 차 있고 불타는 무기를 들고 있었다.

옥스퍼드에서 지낼 때 나는 가끔씩 레바나(아이의 출생과 양육을 담당하는 여신)를 꿈에서 보았다. 나는 그녀를 로마의 상징으로 알고 있었다.

레바나는 누구인가? 독자여, 내게 많은 학문적인 여유가 없다는 것을 알고 있으니 나에게 화내지 않기를 바란다. 레바나는 신생아에게 가장 첫 번째로 고귀한 친절을 베푸는 로마의 여신이었다. 그 여신의 행위는 어디서나 인간에게 속하는 위대함과 때로는 이교 세계에서 그를 지탱하기 위해 내려오는 보이지 않는 능력의 자비로움을 상징한다. 태어나는 순간, 갓 태어난 아기는 처음으로 우리의 불안정한 지구 대기를 맛보며 땅에 놓였다. 그러나 바로 그와 같은 고귀한 존재가 잠시라도 그곳에 무릎 꿇고 있을 수 없게 하기 위해 아버지 대신 레바나가 손을 뻗거나 가까운 친척이 아버지 대신 아기를 세운 후 왕처럼 우뚝 세워 하늘의 별을 향해 고개를 들고

"너희보다 더 위대한 것이 보인다!"고 마음속으로 말하며 상징적인 행동을 한다. 이것이 바로 레바나의 역할이었다.

레바나는 그녀의 얼굴을 드러내지 않은 신비한 존재였고(내 꿈속에서는 얼굴을 보였지만), 항상 대리인을 통해 행동했다.

그녀의 이름은 라틴어 동사 '레바레(levare)'에서 유래했으며 그것은 "높이 들다"라는 뜻이다. 이것이 바로 레바나에 대한 설명이다. 따라서 어떤 이들은 레바나를 어린 시절의 교육을 책임지는 보호의 힘으로 이해했다.

"교육(educo)"라는 단어는 '개발'을 뜻하는 라틴어 '에두코(educo)'[32]에서 유래했으며 그 의미는 인간의 내면 깊은 곳에서 시작되는 중앙의 힘들이 아이들에게 끊임없이 작용하며 밤낮으로 멈추지 않는다는 것이다. 이는 아편이나 감정, 고통, 시련, 저항의 에너지들이 아이들에게 영향을 미치는 과정으로 볼 수 있다. 그렇다면, 레바나가 이러한 방식으로 작용한다면 그녀는 슬픔의 힘에 대해 얼마나 깊은 경의를 표할 것인가.

그러나 독자는 생각할 것이다.

"아이들이 내 슬픔과 같은 고통을 겪는 일은 없지 않은가?"라고. '슬픔'이라는 단어에는 두 가지 의미가 있다. 하나는 유클리드[33]의 의미처럼 보편적이고 또 다른 하나는 이른바 어리석은 의미로 사용되는 것이다. 나는 전자가 아니라 후자의 의미에서 말하는 것이다. 내 경험처럼 아이들이 슬픔으로 죽는 일은 흔히 일어날 수 있다. 나는 그 일에 대해 잘 알고 있다. 이튼 학교의 규칙에 따르면 아이들은 6세에 그곳에 들

32) 에두코(Educo)는 라틴어 동사 "educare"에서 유래한 단어로, "양육하다" 또는 "교육하다"라는 의미를 가진다. 주로 아이들을 가르치고 성장시키는 과정과 관련된 개념으로 쓰이며, 현대 교육의 기초적인 철학과도 연결된다. 이 단어는 '교육'의 어원으로서 학문적, 철학적 맥락에서 자주 언급된다.

33) 유클리드는 고대 그리스의 수학자로, 기하학 원론을 저술해 기하학을 체계화한 인물이다. 그는 논리적 추론을 통해 수학 정리를 증명하는 방식을 제시해 '기하학의 아버지'로 불린다. 그의 연구는 현대 수학과 과학적 사고에 큰 영향을 끼쳤다.

어가 기숙사 생활을 하며 12년을 다녀야 한다. 아주 어린 나이에 부모와 떨어져 살아야 하는 것이다. 그런 아이들이 죽는 경우는 적지 않다. "슬픔"이라는 말로 등록되지 않는다. 하지만, 그것이 바로 슬픔이다. 그런 슬픔은 아이들을 죽음으로 몰고 간다. 그러므로 순수함Levana[34]은 종종 남자의 마음을 흔드는 힘과 교감한다. 이렇게 그녀는 슬픔을 사랑한다.

"이분들이시다." 내가 조용히 나에게 말하였다.

순수함과 교감하는 자들을 보고

"이분들이 바로 세 명의 슬픔이시다. 그리스 여신들이 세 명인 것처럼 인간의 삶을 아름다움으로 꾸미는 그리스 여신들처럼, 파르카이[35]도 세 명이 인간의 삶의 어두운 자락을 그 신비한 베틀로 짠다. 그 중간에는 슬프고, 때로는 분노로 붉고 검은 색깔의 끔찍한 천을 엮어간다. 또한 세 명의 복수의 여신들이 있어 죽음 너머의 다른 세계에서 이 세상에서 저지

34) 레바나(Levana)는 고대 로마 신화에서 어린아이와 관련된 상징적 신으로, 특히 신생아의 보호와 양육을 담당한다. 이름은 라틴어 "levare"에서 유래했으며, 이는 "들어 올리다"라는 뜻이다. 로마 관습에서 신생아가 태어나면 아버지가 아이를 들어 올리는 의식을 통해 아이를 가족으로 받아들였는데, 레바나는 이 의식과 연결된 신이다. 그녀는 아이의 출생과 초기 생애를 축복하는 역할을 한다고 여겨졌다.

35) 파르카이(Fates, 라틴어: Parcae)는 로마 신화에서 인간의 생애와 운명을 관장하는 세 여신을 말한다. 그리스 신화의 모이라이(Moirai)와 동일한 존재로, 각각 삶의 실을 잣고, 길이를 정하며, 끊는 역할을 맡는다. 파르카이는 클로토(Clotho), 라케시스(Lachesis), 아트로포스(Atropos)로 불리며, 인간의 탄생부터 죽음까지 모든 것을 결정짓는 절대적 힘을 가진 존재로 묘사된다.

른 잘못에 대한 응징을 내리는데 한때 뮤즈들도 세 명이었다. 그들은 인간의 열정적인 창작을 위한 큰 짐을 맞추기 위해 하프, 트럼펫, 리트를 다듬는다. 이들이 바로 슬픔들, 내가 아는 세 분이다."

지금 나는 이렇게 확실히 말하지만, 옥스포드에서 나는 이렇게 말했다.

"나는 그중 한 분을 알고 있고 나머지 두 분도 분명 알게 될 것이다."

왜냐하면, 이미 어린 시절, 나는 (어두운 배경 위에 흐릿하게 나타난) 그 끔찍한 자매들의 불완전한 모습을 보았기 때문이다. 이 자매들, 우리는 그들을 무엇이라 부를까? 단순히 "슬픔들"이라 부르면 그 뜻이 오해될 수 있다. 그것은 개별적인 슬픔을 뜻할 수도 있기 때문이다. 하지만 나는 인간의 마음에 나타나는 모든 개별적인 고통 속에서 나타나는 거대한 추상적인 존재들을 표현하고 싶다. 그래서 이 추상적인 존재들이 인간의 형상을 띠고, 인간의 육체와 관련된 기능을 가지고 있는 존재로 나타나길 원한다. 그러므로 우리는 그들을 "슬픔의 여인들"이라 부르자.

나는 그들을 잘 알고 있으며 그들의 모든 왕국을 걸어본 적이 있다. 세 명의 자매들은 하나의 신비한 가정에 속해 있으며 그들의 길은 멀리 떨어져 있다. 하지만 그들의 지배는 끝이 없다. 나는 종종 순수함과 대화하는 이들을 보았고 때때로 그들이 나에 대해 이야기하는 것도 보았다. 그들이 말을 한다고? 오, 아니! 이런 위대한 환상들은 언어의 약함을 멸시한다. 그들은 인간의 마음속에 살 때 그들의 목소리를 통해 말을 할 수 있다. 하지만, 그들끼리 이야기할 때는 목소리나 소리가 없다. 그들의 왕국에는 영원한 침묵만이 존재한다. 그들이 순수함과 대화할 때는 말을 하지 않았다. 그들은 속삭이지도 않았고, 노래하지도 않았다. 때때로 그들이 노래했을지도 모른다. 왜냐하면, 나는 이 세상에서 그들의 신비가 하프와 팀브렐, 달시머와 오르간으로 풀리는 것을 들은 적이 있기 때문이다.

하나님 역시 그들의 주인처럼 그들의 기쁨을 소리나 사라지는 말이 아닌, 하늘의 신호, 땅의 변화, 비밀스러운 강의 파동, 어둠에 그려진 문장들, 그리고 뇌의 판에 새겨진 상형문자로 나타낸다. 그들은 미로 속에서 춤을 춘다. 나는 그들의 걸음을 읽을 수 있었다. 그들은 멀리서 신호를 보냈다. 나는 그 신호를 읽을 수 있었다. 그들은 함께 음모를 꾸몄다. 어둠의 거울에서 내 눈은 그들의 계획을 추적할 수 있었다. 그들의 것은 상징이었고, 나의 것은 단어였다. 그 자매들은 무엇일까? 그들이 하는 일은 무엇일까? 그들의 모습을 그리고, 그들의 존재를 설명해보겠다. 그것이 아직 흐릿한 윤곽 속에서 흔들리는 모습이라 할지라도, 그 존재가 어두운 그림자 속에서 영원히 앞에 나오는 것처럼 다가온다면 세 자매

중 가장 큰 자는 "Mater Lachrymarum(눈물의 어머니)", 바로 눈물의 여왕이다.

그녀는 밤낮으로 떠들며 불평하며 사라진 얼굴들을 부르짖는다. 그녀는 라마(불교의 영적지도자)에 서 있었고 그곳에서 애통한 목소리가 들렸다.

"라헬[36]이 자기 자식들을 위하여 울며 위로를 받지 못하였도다."

바로 그녀가 아기 예수의 무죄한 아이들을 향해 칼을 휘두르며 죽음의 그날 밤, 작은 발이 영원히 굳어버렸을 때 베들레헴에서 서 있었으며, 그것은 그들 가족의 사랑을 하늘에서 인정받지 못하게 한 비극이었다.

1. 두 번째 자매, 눈물의 여왕

두 번째 자매는 눈물의 여왕이라 불린다. 그녀는 구름을 넘지 않으며 바람 위를 걷지 않는다. 왕관을 쓰지 않는다. 만약 그녀의 눈이 보인다면 그것은 달콤하거나

36) 라헬(레아헬, Rachel)은 성경에 등장하는 인물로, 야곱의 두 번째 아내이자 요셉과 베냐민의 어머니이다. 라헬은 아름다움으로 유명했으며, 야곱이 그녀를 사랑하여 14년간 일을 하며 그녀와 결혼했다는 이야기가 전해진다. 그녀는 또한 슬픔과 애통의 상징으로, 예레미야서와 마태복음에서 자녀를 잃은 어머니의 모습으로 묘사된다.

미묘하지 않을 것이다. 아무도 그녀의 눈에서 이야기를 읽을 수 없다. 그녀의 눈은 죽어가는 꿈과 잊힌 광기의 잔해로 가득하다. 그러나 그녀는 눈을 들지 않는다. 머리 위에 낡은 터번을 쓰고 고개는 항상 숙여져 바닥에 고정된다. 그녀는 울지 않는다. 신음하지 않는다. 그러나 간헐적으로 무음으로 한숨을 쉰다.

마돈나 자매는 종종 하늘에 대항해 분노하며 사랑하는 이들을 되찾으려 한다. 그러나 눈물의 여왕은 결코 떠들지 않으며 반항하거나 꿈꾸지 않는다. 그녀는 비참함 속에서도 겸손하다. 그녀의 겸손은 절망적인 이들의 것이다. 그녀는 잠든 사이 중얼거릴 수 있다. 어두운 저녁, 스스로에게 속삭일 수 있다. 때때로 그녀는 홀로 황폐한 도시에서 해가 지고 난 뒤 중얼거린다. 그녀의 좁은 왕국 안에서 절대적인 권력을 가지고 있다. 눈물의 여왕은 파리야[37]의 방문자이다. 그녀는 유대인, 지중해의 노예, 노푼 섬의 영국 범죄자들과 함께한다. 그녀는 매일 정오마다 약한 비난의 시선을 하늘로 보내는 노예와 함께 걷는다. 그녀는 사랑을 보호할 수 없는 여성들, 희망을 잃은 이들과 함께한다. 눈물의 여왕은 절망 속에서 거

37) 파리야(Faria)는 알렉상드르 뒤마의 소설 몬테크리스토 백작(The Count of Monte Cristo)에 등장하는 인물이다. 그는 에드몽 당테스의 동료 죄수로, 지혜롭고 학식이 깊은 신부로 묘사된다. 파리야는 당테스에게 교육과 탈출 계획을 전수하며 복수의 여정을 돕는 중요한 스승으로 등장한다.

침없이 다가가며, 그들이 받은 증표는 숨겨지지 않는다.

2. 세 번째 자매, 어둠의 여왕

세 번째 자매는 가장 어린 자매이다. 그녀의 왕국은 크지 않다. 하지만 그곳에서 그녀는 모든 힘을 지닌다. 그녀의 머리는 키벨레[38]처럼, 높은 탑처럼 솟아 있다. 그녀는 고개를 숙이지 않는다. 그녀의 눈은 멀리 있어 숨겨질 수 있다. 하지만 그 빛은 결코, 감춰지지 않는다. 그 눈에서는 고통의 강렬한 빛이 비추며 시간과 상관없이 변하지 않는다. 어둠의 여왕은 하나님에게 도전하며 광기의 어머니이자 자살을 부추긴다. 그녀는 심오한 본성이 흔들린 이들에게 다가가며 그들은 폭풍 속에서 안팎으로 고통에 시달린다. 그녀는 어떤 문도 부수고 들어가며 한 번 들어간 곳에서는 결코 떠나지 않는다. 어둠의 여왕은 자신이 원하는 모든 것을 이루어낸다. 그녀의 이름은 어둠의 여왕이다. 여기에서 나는 쉬운 항해를 시작했다.

38) 키벨레(Kybele)는 고대 그리스와 로마 신화에서 숭배된 대지의 여신이다. 그녀는 자연과 풍요, 보호, 생명의 창조를 상징하는 신으로, 특히 고대 아시아에서 기원한 여신으로 알려져 있다. 키벨레는 대개 초자연적인 능력을 가진 여성 신으로 묘사되며, 종종 그리스 신화의 아르테미스나 헤라와 유사한 역할을 한다.

하루 130방울을 삼일 동안 복용했고, 넷째 날에는 한 번에 80방울로 줄였다. 그때부터 겪은 고통은 나를 완전히 변화시켰다. 약 한 달 동안 이 정도를 유지했으며 그 후 하루 60방울로 줄였고, 다음 날에는 전혀 복용하지 않게 되었다. 이것은 거의 10년 만에 처음으로 아편 없이 하루를 보낸 날이었다. 나는 90시간 동안 금욕을 계속했다. 이것은 거의 반 주일 정도였다. 그 후 내가 얼마를 복용했는지 묻지 말라. 가장 극단적인 상황을 상상해 보라. 그 후 다시 금욕했으며 약 25방울을 복용한 후 다시 금욕했고, 그렇게 반복했다.

실험 첫 6주 동안 내 몸에서 나타난 증상들은 이러했다. 전신이 심하게 과민해지고 흥분했다. 특히 위는 활력과 감각이 회복되자 종종 큰 고통을 겪었다. 밤낮으로 끊임없는 초조함으로 잠은 거의 어떻게 잤는지 모르겠다. 하루 24시간 중 최대 3시간 정도 잤으며, 그 시간조차 불안정하고 얕아서 내 주변의 모든 소리를 들을 수 있었다. 하악[39]이 계속 부풀었고 입안은 궤양이 생기며 그 외에도 많은 고통스러운 증상들이 있었으나 모두 언급하기에는 지루할 정도였다. 그중에서 하나를 언급해야 하는데 그것은 아편을 끊으려는 시도를 할 때마다 항상 동반되었던 증상이었다. 바로 심한 재채기였다.

39) "하악골"은 인간의 아래턱을 이루는 뼈로 부분에 통증이나 부풀음이 있을 때 "하악이 부풀었다"는 표현을 사용할 수 있다. 따라서 문장의 맥락에서 "하악"은 아래턱 부분의 부풀어 오르거나 염증이 생긴 상황을 나타낸다.

이것은 매우 성가셨을 정도로 때로는 두 시간씩 지속되었으며 하루에 두세 번은 반복되었다.

나는 이것에 크게 놀라지 않았다. 내 기억 속에서 어디선가 들었던, 혹은 읽었던 것을 떠올리며 콧속을 덮고 있는 막이 위를 덮고 있는 막의 연장이라는 것을 알았다. 그래서 나는 이것이 아편을 끊으려는 사람들에게서 자주 보이는 콧속 염증을 설명한다고 생각한다. 위의 원래 감각이 갑자기 회복된 것이 이처럼 나타났다고 나는 추측한다. 또한, 아편을 복용했던 그 모든 해 동안 나는 한 번도 감기에 걸린 적이 없었고, 가벼운 기침조차 하지 않았다. 하지만 이제 나는 심한 감기에 걸렸고, 곧 기침이 시작되었다.

이 시기에 쓴 미완성의 편지에서 나는 다음과 같은 말을 찾았다.

"나에게 글을 써달라고 하셨군요. 티에리와 테오도르라는 비몬트와 플렛처의 연극을 아십니까? 거기에서 내 수면에 대한 상황을 볼 수 있을 것입니다. 그리고 다른 특징들에 대해서도 그다지 과장이 아닙니다. 나는 한 시간 동안 떠올린 생각의 양이 아편을 복용하던 한 해 동안 한 생각보다 훨씬 많다고 감히 말합니다. 마치 아편에 의해 10년 동안 얼어붙었던 생각들이 이제 오래된 전설처럼, 한 번에 녹아내린 것처럼, 사방에서 내게 쏟아져 들어옵니다. 그런데 내 불안감과 끔찍한 과민성 때문에 내가 한 개의 생각을 붙잡는다면

50개는 도망갑니다. 고통과 수면 부족에 지친 나머지, 나는 2분이라도 가만히 서 있거나 앉아 있을 수 없습니다."

실험의 이 시점에서 나는 근처의 외과 의사에게 가서 나를 보러 오라고 부탁했다. 저녁에 그는 왔고 간단히 상황을 설명한 후 나는 다음과 같은 질문을 했다.

"그는 아편이 소화 기관에 자극을 주었을 것이라고 생각하지 않으시나요? 그리고 현재 위에서 느끼는 고통이 분명히 수면 부족의 원인인데, 그것은 소화 불량에서 비롯된 것이 아닐까요?"

그의 대답은 아니었다. 반대로 그는 고통이 소화 자체에서 비롯된 것이라고 생각했으며 소화는 본래 의식 아래에서 진행되어야 하지만 아편을 오랫동안 사용한 탓에 위의 비정상적인 상태가 그것을 명백히 인지하게 만들었다고 했다. 이 의견은 그럴듯했으며 고통이 끊임없이 지속되는 성질로 인해 나는 그것이 사실일 것 같다고 생각하게 되었다. 만약 이것이 단순히 위의 불규칙적인 상태에서 비롯된 것이었다면 자연스럽게 간헐적으로 중단되고 그 정도가 변동했어야 했다.

내 실험의 후속 결과는 이쯤에서 끝이다. 하지만 실험의 이러한 단계로 이루어진 과정과 그 결과가 다른 사례에 어떻게 적용될 수 있는지에 대해 독자에게 그 이유를 잊지 말기를 요청하고자 한다. 그 이유는 두 가지이다.

첫째, 아편이 의약으로서 사용된 역사에 조금이라도 기여할 수 있다는 믿음에서 비롯된 것이다. 내가 이를 통해 내 의도를 완전히 이루지 못한 이유는 정신의 둔화, 몸의 고통, 그리고 주제에 대한 극도의 혐오감이 나를 괴롭혔기 때문이다. 이 부분은 원고가 출판되고 나면 더 이상 수정하거나 개선할 수 없다. 하지만 이 기록을 통해 비록 그것이 엉뚱하게 흐를지라도 아편을 다룬 역사에서만큼은 얻는 게 있을 거라는 사실이다. 그것은 아편을 먹는 사람들에게 위로와 격려가 될 수 있다. 아편을 끊을 수 있다는 것도 증명된다. 그것도 특별한 고통 없이 평범한 결단력만 있으면 꽤 빠른 속도로 해낼 수 있다는 것을 입증한다.

이것이 이 실험의 결과를 독자에게 전달하는 것이 내 주요 목적이었다.

둘째, 이 목적에 부수적으로 나는 왜 내가 세 번째 부분을 제때 쓸 수 없었는지 설명하고자 한다. 내가 실험을 진행한 바로 그 시간에 재출판의 교정지가 런던에서 내게 보내졌다. 나는 그것을 확장하거나 개선할 능력이 없었으며 교정 오류나 표현상의 부정확성을 수정하기 위해 주의 깊게 읽는 것도 할 수 없었다. 이것이 내가 독자에게 내 몸과 관련된 실험의 기록을 남기게 된 이유다. 그리고 나는 독자에게 이 이유를 잊지 말고 내가 아편을 복용한 사실을 글로 남기는 이유가 아편에 대한 체험을 나의 이익을 위해 쓴 것이 아니라, 다른 사람들에게 도움이 되기를 바라며 쓴 것임을 이해해 달라고 진심으로 부탁하고 싶다.

나 자신을 자주 관찰하는 건강염려증 환자가 되려는 동기는 아니었으나, 내 몸에 대해 그렇게나 시간과 관심을 기울인 것은 분명히 그에 대한 약간의 애정이 있었기 때문일 것이다. 하지만 독자 여러분이 보시듯 나는 내 몸을 전혀 아끼지 않으며 그것을 비웃고 경멸의 대상으로 삼고 있다. 나는 내 몸이 법이 악질적인 범죄자에게 내리는 마지막 처벌을 받을 수 있기를 바란다. 내가 이렇게 말하는 이유는 내 몸에 대한 증오와 경멸이 아니라, 내 몸이 이 세상에서 내게 고통을 주었기 때문이다.

그리고 나는 이 말을 하면서도 진심을 다해 말하고 있다. 죽음 후에 내 시체가 의학에 도움이 될 수 있다면, 그것이 과학적으로 유익하다면 나는 내 몸을 기꺼이 제공할 것이다. 내가 죽고 난 뒤 내 몸이 의학적 연구에 활용되기를 바라는 이유는 내가 이 몸 때문에 고통을 겪은 만큼 그것이 어떤 방식으로든 과학에 도움이 되기를 바라는 마음에서이다.

내가 이런 제안을 하는 것은 흔한 일이 아니다. 유산을 남기는 것은 보통 위험하지만 나는 이 제안이 과학적인 이유로 진지하게 받아들여지길 바란다.

3. 마지막 아편 사용자의 수첩

워킹 스튜어트[40], 일반적으로 "걷는 스튜어트(Walking Stewart)"라고 불리는 그는 매우 특별한 재능을 가진 사람이었다. 그는 대부분 자신에 대해 글을 쓴 사람들에 의해 미친 사람으로 취급되었으나 이는 잘못된 것이었다. 그 오해는 주로 그의 책 제목들에서 비롯된 것이었을 것이다. 그는 열정적인 정신과 숭고한 목표를 가진 사람으로 미친 사람은 아니었다. 만약 그가 미친 사람이었다면, 나는 그런 사람도 바람직하다고 말할 것이다.

1798년 또는 1799년, 내가 약 13세였을 때 걷는 스튜어트는 배스에 있었다. 그 당시 내 가족은 그곳에 거주하고 있었다. 그는 펌프룸에 자주 갔고 모든 공공장소를 돌아다니며 철학적인 의견을 좌우로 나누었다. 내가 그를 처음 본 것은 기독교 묵상집에서 열린 콘서트에서였다. 그때 내 일행 중 한 사람이 그를 지구를 걸어본 매우 엉뚱한 사람으로 소개해 주었다. 그때 마담 마라가 노래를 부르고 있었다. 걷는 스튜어트는 그녀의 노래에 꿀벌이 자스민 꽃에 매달리듯이 빠

40) "Walking Stewart"는 토마스 드 퀸시의 영국 아편 중독자의 자백에서 등장하는 가상의 인물로, 이 이름은 드 퀸시가 자신의 경험을 기록한 후, 후속 출판본에서 사용된 것으로 보인다. 특히 1856년판에서 "Walking Stewart"는 "노트북에서의 메모"라는 부가적인 내용을 제공하며, 드 퀸시의 아편 사용과 그로 인한 영향에 대해 추가적인 설명을 한다.

져들고 있었다. 그의 얼굴은 인상적이었고 친절함과 철학적인 사고가 결합된 표정이었다. 그의 도보 운동과 절제된 생활 덕분에 건강함을 유지했기 때문에 그 당시 40대 중반을 넘었을 때에도 28세처럼 보였다. 적어도 몇 년 동안 내 기억 속에서 그가 남긴 얼굴은 젊은 남자의 얼굴이었다.

10년 후, 나는 그와 알게 되었다. 그동안 나는 브리스틀에서 그의 저서 중 하나인 Travels to Discover the Source of Moral Motion (도덕적 동기의 출처를 찾기 위한 여행)을 읽었는데 그 두 번째 권은 The Apocalypse of Nature (자연의 묵시록)이라는 제목이었다. 첫 번째 권에서 그가 유럽 전역의 국가 성격에 대해 제시한 강력하고 독창적인 견해에 깊은 인상을 받았다. 특히 그는 영국 민족이 차분한 성격을 가진다는 생각이 잘못되었다는 첫 번째 사람이었다. "영국의 냉정함"은 영국과 프랑스를 비교할 때 자주 사용되는 표현이다. 하지만, 사실 영국 민족은 다른 어떤 민족보다도 깊은 열정을 가지고 있다. 그는 영국 민족의 성격이 차분함이 아니라
'우울한' 기질에 속해야 한다고 주장했다.

국가의 성격을 알 수 있는 방법은 그 나라의 관용어를 살펴보는 것이다. 프랑스인들은 감정이 얕고 표면적이기 때문에 열정적인 표현을 일상적인 삶에서 자주 사용한다. 그래서 그들은 시나 진지한 열정이 필요한 상황에서 사용할 열정적인 언어를 갖고 있지 않다. 그러나 더 깊은 열정을 가진 나라

는 열정의 언어를 적절히 사용하며 그 언어가 정당하지 않은 상황에서 쓰일 때에는 그것이 부적절하고 우스꽝스럽다고 여긴다.

"아, 하늘이여!" 또는 "오, 하나님!"과 같은 감탄사는 영국에서 깊은 관심이 있을 때만 사용된다. 그래서 여자가 그런 말을 하면 우리는 그 아이가 위험에 처해 있는 상황을 예상하며 주위를 둘러본다. 그러나 프랑스에서는 "하나님!"과 "오, 나의 신이여!"가 여자가 바닥에 있는 쥐를 보고 내뱉는 감탄사로 사용된다. 하지만 무지하거나 생각 없는 사람들은 여전히 영국 민족의 성격을 '침착함'으로 분류할 것이다. 반면 철학자는 그것이 '침착함'이라는 성격의 정확한 반대라고 깨닫게 될 것이다.

결론적으로, 걷는 스튜어트의 영국 민족에 대한 견해는 이렇게 끝을 맺는다.

4. 오래된 아편 중독자의 주머니에서 나온 노트

이제 나는 그가 종종 자신의 금전적 이익을 추구했다고 비난받은 것을 알고 있다. 반대로 그는 나에게 매우 관대하고 너그러운 사람으로 보였다. 나는 그가 나에게 아무것도 받지 않겠다고 거절하면서도 내가 그와 알게 된 동안 그가 출판한 모든 책을 선물로 받으라고 강요했던 것을 잘 기억한다. 그중 두 권은 그의 손으로 수정된 것들이다. 즉, 아폴로의 리라와 소피오미터가 그것이다. 나는 최근에 런던에 남겨둔 다른 책들 속에서 이 책들을 발견했다. 그리고 그는 그 외에도 웨스트모어랜드로 나에게 책들을 보냈다. 나는 1809년에 그를 자주 만났다. 그해 봄, 나는 런던에서 당시 인쇄 중인 워즈워스의 윈터라의 협정에 관한 책의 출판을 감독하고 있었다. 워즈워스의 요청으로 나는 스페인 문제에 대한 긴 주석을 추가했는데 그 주석은 부록에 실렸다. 내가 그 주석에서 스페인 국민성에 대해 표현한 의견은 그 당시 많은 비방을 받고 있었다. 특히 그 당시 사람들의 마음속에 강하게 자리 잡고 있던 프랑스군의 전투력에 대한 맹목적인 숭배를 비판했다. 그 의견은 1814년과 1815년의 캠페인 이후 사실상 사라지게 되었고 때마침 이 주제가 스튜어트의 정치적 신념과 맞아떨어졌다. 1812년, 나는 그를 마지막으로 만난 것 같다. 그리고 그날 런던 서머셋 하우스 아래에서 그를 만나 작별하면서 이날 저녁에 웨스트모어랜드로 떠날 것이라고 나는 그에게 말했다. 그로부터 나는 가장 빠른 길인 무어 스트리트를 지나 토트넘 코트 로드로 향했다. 나는 어디에도 들르지 않았고 빨리 걸었다. 그럼에도 토트넘 코트 로드에서 나는 그를 다시 만나게 되었다. 그는 전혀 놀라지 않은 듯 나에게 말했다. 그는 그 근처에 작은 극장이 있어 가끔 그곳에서 춤과 노래를 즐기며 저녁을 보내기도 했다고 했다. 그는 귀가 어두운 상태에서도 노래를 들을 수 있었다. 나는 그때 그에게 마지막 작별을 고했다. 그 순간 나는 그의 흰 모자가 사라지는 모습을 보며 "작별이다. 반 미친 듯한 그대, 그리고 가장 당당한 사람! 나는 다시 그대 얼굴을 보지 못할 것이다."라고 외쳤다.

나는 그때 몇 년간은 런던을 다시 방문하지 않겠다고 생각했다. 하지만 1814년에 잠시 런던에 있었을 때 나는 스튜어트가 동인도 회사에서 약 14,000파운드를 회수했다는 소식을 듣고 매우 기뻤다. 그는 이 돈을 매우 현명하게 연금 구매에 사용했고, "너무 오래 살았다."고 들었다. 연금 회사에 불만을 품을 정도로 그는 오래 살았다고 한다. 그런 점에서 모든 동서양의 회사들과 연금 회사들은 철학자들의 이익에 반하는 존재들이다!

1814년, 나는 그를 다시 만나지 못했다. 하지만 그때 나는 많은 아편을 복용하고 있었기 때문에 철학자의 아침 시간에 맞춰 만날 수 없었으며 저녁에는 그가 자주 밖에 나가 있었다고 한다. 내가 이전에 들었던 대로였다. 그러나 나중에 그는 자신의 방에서 대화를 나누고 극장에 나가는 횟수는 줄어들었다.

그는 누구에게도 아첨하지 않았다. 그는 국가를 향한 발언에서도 성취 가능성이 전혀 없을 정도로 불쾌한 방식으로 단순한 진실을 언급하며 충고를 시작해 우스꽝스럽게 보이기도 한다. 그가 미국에 보낸 편지는 이렇게 시작한다.

"미국의 국민이여! 너희가 어머니 나라로부터 독립한 이후 너희의 도덕적 생각과 감각의 에너지는 퇴보했다. 이는 영국의 군인들과 상인들과의 교류가 사라졌기 때문이다. 너희는 영국의 보호적인 힘과 프랑스의 파괴적인 힘을 구별할 도덕적 식별력을 가지고 있지 않다."

또 그가 아일랜드 국민에게 보낸 편지는 이렇게 시작된다.

"아일랜드 국민이여! 나는 자연의 진정한 철학자로서 너희가 준비하고 있는 지속적인 불행을 예견하며 너희에게 말을 건다."

두 번째 문장은 이렇게 시작된다.

"너희는 인간과 자연의 대의를 위해 싸우고 있는 부모 왕국의 팔을 신성 모독적으로 막고 있으며, 프랑스 경찰 테러의 악마가 승리한다면 너희는 즉시 멸망할 것이다."

그리고 편지의 마지막은 이렇게 끝났다.

"나는 오직 하나의 끔찍한 대안을 본다. 아일랜드는 지속적으로 세계를 파괴할 수 있는 화산이 될 것이다. 만약 감각의 교육과 사고에 대한 식별력을 지닐 수 있는 능력이 많은 사람에게 전해지지 않는다면 그들은 이성적으로 생각할 수 없는 시민들로부터 스스로 분쟁의 구실이 될 것이다."

그는 타인에게 자유롭고 대담하게 말하듯 자신에 대해서

도 고상하게 말했다.

아폴로의 리라 313페이지에서 자신을 소크라테스와 비교하며 (그는 자연스럽게 자신에게 더 높은 점수를 준다.) 그는 하프 등 자신이 쓴 책을 "인류 에너지의 비할 데 없는 작품"이라고 했다.

315페이지에서는 그것을 "이 어마어마한 작품이라" 하고 그 페이지 아래에서는 "나는 15살에 덩치가 크고 무식하다는 이유로 학교에서 쫓겨났다. 그 이유는 내가 모든 학문과 학문적으로 불필요한 것들을 내 머리에 채워 넣지 않았기 때문이다. 만약 미래의 시대들이 내 작품에서 비할 데 없는 천재의 에너지를 발견한다면 그것은 내가 가장 중요한 교리인 인간의 정신 능력을 예술과 과학에서가 아니라 도덕적 의견을 연구하는 사고와 감각의 교육에서 발전 시켜야 한다는 것을 증명한 것이다."라고 썼다.

또 그의 소피오미터 225페이지에서는 이렇게 썼다.

"내가 끊임없이 마음에 두고 있는 가장 중요한 생각은 만약 내가 죽음으로 사라지기 전 인간과 자연에 관한 위대한 주제인 과학에서 내 독특한 정신이 지니고 있는 모든 발견을 사람들에게 전달했는지의 여부이다."

그다음 페이지에서 그는 자신이 그 진리를 세상에 전달했음을 확신하지만 예외로 "영국 국민 속에 존재하는 인간 본성의 잠재적 에너지와 신체적이고 도덕적인" 진리만은 전하지 못했다고 결론지었다. 그러나 그는 분명히 잘못을 자책하고 있었다. 내가 알기로 그는 자신의 여러 작품에서 이 주제를 적어도 수백만 번은 언급했다. 또 다른 예로는 그의 여러 작품의 제목 페이지에서 자신을 "세상에 나타난 유일한 자연의 인간, 존 스튜어트"라고 발표한 것이다. 이것이 오래된 아편 중독자의 주머니에서 나온 노트의 글이다.

7장

미친 천재의 시대를 초월한 유산

1. 즐거움과 미침의 경계에서
2. 후기 아편 중독자의 기록
3. 자살에 대하여

7장

미친 천재의 시대를 초월한 유산

이제는 독자가 그가 미쳤다고 의심하기 시작할 것 같다. 그리고 확실히 모든 것을 고려할 때 그는 미쳤을 가능성이 크다. 특히, 바람이 북동풍일 때 그는 종종 이상한 행동을 보였으며 이를 고려할 때 그가 정신적으로 불안정했을 가능성이 크다. 이는 워킹 스튜어트만이 자신의 책에 날짜를 매길 때 '창조부터', '대홍수부터', '나보나사르부터', 또는 '헤지라'와 같은 역사적 사건들을 기준으로 삼지 않고, 오직 '이 책 자체의 출판 일을 기준으로' 날짜를 매겼다. 그리고 그는 '인류 역사에서 모든 다른 시대는 사소하고 부적절하다.'고 주장하기까지 했다.

이렇게 1812년 그의 작품에서 그는 자신이 "63세의 나이에 도달했으며 절제된 생활로 건강을 유지하고 인간의 악습에서 벗어나 거의 독립적인 평화로운 마음을 얻었다." 고 기록하고 있다.

또 그는 "나는 인생에서 배운 지식을 통해 다른 사람들의 어리석음과 욕망의 영향을 받지 않도록 행복을 그들로부터 멀리 떨어뜨렸다." 고 덧붙인다.

이 문장을 읽고 나는 그 날짜를 확인하려고 했으나 책의 제목 페이지를 펼치자 그 날짜는 이렇게 신비롭게 적혀 있었다.

"천문학적 역사 7,000년, 이 작품의 시대 첫날인 지성의 생애 혹은 도덕적 세계에서의 첫날."

또 그의 생각 속에서 계속해서 떠오른 미친 생각 중 하나는 왕들과 지구의 지배자들이 시대마다 매번 연합하여 그가 쓴 작품들을 없애려고 할 것이다. 그는 자신의 작품들이 자신이 의도한 세계의 관리자 또는 그 전구체가 될 인물에게 전달되기 전에 이러한 악한 왕들의 손에 걸려 차단될까 두려워했다. 그래서 그는 자신의 작품을 믿는 사람들에게 이 작품을 '각각의 책을' 적절히 방습 처리하여 지구 아래 7-8피트 깊이에 묻어두고 죽을 때 그 사실을 신뢰할 수 있는 친구들에게 알리라고 권장했다. 그렇게 하면 그들이 이 지식을 다음 세대의 신중한 인물들에게 전할 것이며 이렇게 해서 진리가 수백 년 동안 세상에 퍼지지는 않더라도 일부 사람들에게는 이 진리가 카프카스 산이나 아메리카 숲의 숨겨진 장소, 또는 비레둘게리드의 모래 속에 묻혀 있다는 사실을 전해주어야 한다고 주장했다.

그리하여 '워킹 스튜어트'는 미래의 '자연의 아이'에게 그의 글이 영향을 미칠 것이라고 했다. 이 미친 생각은 다소 고귀한 미친 생각으로 보였으나 나는 그에게 악한 왕들에 맞서 싸울 협력자로서 나의 의지를 밝혔다.

나는 "아폴로의 하프"를 그람미어의 내 과수원에 "자연의 계시"를 헬벨린(영국 잉글랜드의 호수 지방)의 만에 묻기로 약속했다. 그는 내 제안을 감사히 받아들였다. 그 후 그가 나에게 전한 가장 중요한 요청은 그의 작품들이 미래의 어느 시점에서 도달할 수 있도록 그 작품들이 번역될 언어에 관한 것이었다.

그는 "영어는 오래 지속되지 않을 것"이라 생각했고 '라틴어'가 모든 언어 중 살아남을 것이라고 믿었다. 그래서 그는 나에게 그의 작품 중 일부를 라틴어로 번역해 달라고 부탁했다.

이 또한 오래된 아편 중독자의 주머니에서 나온 노트의 글이다.

1. 즐거움과 미침의 경계에서

전반적으로 워킹 스튜어트가 미쳤다면 그는 자신의 타고난 천재성과 웅변에 영향을 미치지 않는 방식으로 미쳤다. 오히려 그것들을 고양시키는 방향으로 미쳤다고 할 수 있다. "큰 재능은 미친 상태와 가까운 것"이라는 고대 격언과 드라이든[41]의 대중적인 격언을 나는 콜리지와 워즈워스[42]의 논쟁에서 들은 바 있다.

그들은 미친 사람들은 가장 지루하고 고통스러운 사람이라고 주장했다. 나도 대체로 그들의 주장에 동의한다. 그러나 나는 그들의 권위에 부분적으로 반박하려 한다. 미침이 종종 위장, 간 등과 같은 신체 기관과 엉망진창 연결될 때, 그것이 즐거운 삶의 원리를 공격하고 그 원리가 명백히 신체의 중심 기관에 있다는 점에서 이 경우에는 영원한 고통과

41) 드라이든(John Dryden)은 17세기 영국의 시인이자 극작가, 비평가로, 영국 문학사에서 고전주의를 대표하는 인물이다. 그는 시의 아버지(Father of English Poetry)로 불리며, 풍자시 아브살롬과 아키토펠과 같은 작품으로 유명하다. 이는 영국의 첫 번째 계관시인으로 임명되어 문학과 비평 발전에 중요한 영향을 미쳤다.

42) 사무엘 테일러 콜리지는 18~19세기 영국 낭만주의를 대표하는 시인이자 철학자이다. 그는 노수부의 노래와 같은 작품으로 유명하며, 초자연적이고 신비로운 주제를 탐구했다. 콜리지는 워즈워스와 함께 낭만주의 선언서인 서정 민요집(Lyrical Ballads)를 공동 집필하며 낭만주의 문학의 기틀을 마련했다.
윌리엄 워즈워스는 18~19세기 영국 낭만주의 시인으로, 자연과 인간의 관계를 중심으로 한 서정적인 시로 잘 알려져 있다. 그의 대표작으로는 서정 민요집(Lyrical Ballads)와 자전적 서사시 서곡이 있다. 워즈워스는 영국 계관시인으로 임명되어 자연 속에서의 심미적 경험을 문학적으로 승화시켰다.

혼란을 초래한다. 그래서 그 환자는 자주 지루하고 일관되지 않게 된다. 그러나 이런 신체 기관의 큰 문제를 겪지 않은 사람들은 자신들 삶의 기본적인 기능이 순조롭게 돌아갈 때 생기는 즐거움이 얼마나 중요한지 잘 모른다. 사실, 대부분 사람은 즐거움이 사라지거나 흐려지기 전까지 그것이 있다는 사실을 모르며 그것은 마치 숨쉬기와 같아서 의식하지 못한다. 가장 행복한 상태에 있는 어린이는 자신이 행복하다는 사실을 알지 못한다. 그리고 일반적으로 시간마다 느끼는 감정의 수준은 대부분 사람이 의식하지 못한 채 그들의 행복으로 간주된다. 사람들은 그것이 사라졌을 때야 비로소 그것이 즐거움이었다는 사실을 깨닫는다. 그동안, 생리적 과정에서 오는 기쁨은 의식에 나타나지 않지만 모든 행위에서 나오는 충동, 움직임, 말, 생각 속에 묻혀 있다.

철학자는 바보들도 그들이 즐거운 상태에 있다는 것을 알지 못한다. 하지만, 사실은 그런 상태에 있다고 본다. 따라서 이 즐거움의 원리가 결여된 상태에서 미침은 종종 단순히 매우 고양된 열정에 불과하다. 동물적인 기운이 과도하고 넘쳐나며 미친 사람은 만약 그가 능력 있고 지식이 있다면, 오히려 더 좋은 동반자가 된다. 나는 여러 명의 이런 미친 사람들을 만났고, 나의 훌륭한 친구인 W 교수에게 묻고 싶다. 그는 결코 지루함을 참지 않는 사람이며 사교적 이상을 대표하는 사람이다. 그가 우리와 함께 칼라일로 가는 도중에 만났던 미친 사람보다 더 재미있는 사람을 만난 적이 있나? 그 사람은 아이작 뉴턴을 공격하며 우리에게 매우 기이하고 흥미로운 이야기를 들려주었다. 나는 그와 함께한 여행이 너무 즐거웠으며 나중에 그가 폭력적인 보호자와 함께 여행하는 이야기를 들었을 때 매우 슬펐다. 워킹 스튜어트의 미침도 그와 비슷한 미침이었다. 그의 건강은 완벽했다. 그의 기운은 봄철 새처럼 가볍고 넘쳤으며, 그의 마음은 고통 없이 평온했다. 그러나 그가 재미있는 동반자가 되지 못한 이유는 그의 철학적인 사고 방향 때문이었다. 그는 유머러스하지 않았다.

그가 대화에서 자주 언급한 것은 여행 중 만났던 사람들의 이야기가 아니라, 자신이 경험한 인간 본성에 대한 깊은 통찰이었다. 그는 대화에서 언제나 자신의 경험을 근거로 인간 본성에 대하여 주장을 했다. 그가 말한 내용은 상당히 철학적이었다. 워킹 스튜어트는 고귀한 비전을 가진 사람으로 인류와 그 고통에 대해 깊은 이해를 가지고 있었다. 그의 생각은 세계를 바라보는 거대한 지도와 같았으며 그는 그 거대한 세계를 바라보면서 그 안의 세부적인 부분을 나누지 않고 전체적인 그림을 보았다. 그래서 그와 대화할 때 다른 사람들은 그것을 지루하고 단조롭다고 느꼈을 것이다. 하지만 나는 그가 위대한 천재였다고 평가한다. 그의 대화는 매우 웅변조로 그가 가진 재능은 사람들이 알지 못했다. 그가 대중적으로 더 알려지지 않은 이유는 두 가지 단점 때문이었다. 하나는 불완전한 교육에 의한 것이었고 다른 하나는 그의 사고 방식에서 기인한 문제였다. 그는 인간 본성과 그것의 희망에 대해 굉장한 열정과 고귀한 이상을 가지고 있었으나 그의 철학 체계는 그의 열망을 충분히 지지하지 못했다. 그 결과 그의 철학은 일관성 없고 이해하기 어려웠다. 그는 자주 고백했다. 자신의 천재성은 뛰어났다. 하지만 그것을 잘 표현하지 못해 자신의 사고가 종종 불완전하고 모호하게 전달되었음을 인정했다.

2. 후기 아편 중독자의 기록

우리는 모든 피조물의 마음에 있으며 인간에게서 절대 사라지지 않는 사랑과 자비라는 신성한 본성이 사라지고 악마 같은 본성이 그 자리를 차지한 것을 느껴야 했다. 그리고 이 효과는 놀랍게도 대화와 독백을 통해 이루어지며 그것은 결국 생각해 오던 방법을 통해 완성된다. 나는 독자에게 이 점에 대해 주의를 주려한다. 만약 독자가 아내나 딸 또는 자매가 기절하는 모습을 본 적이 있다면, 가장 감동적인 순간은 그들이 숨을 내쉬며 움직임을 보이면서 일시 중단된 생명이 다시 시작되는 순간이라는 것을 알게 될 것이다. 또는 독자가 어떤 대도시에서 큰 국가적인 우상(국가의 지도자나 중요한 인물)이 장례식에서 묘지로 가는 모습을 보았다면, 거리의 고요함과 침체된 분위기 속에서 그 순간 사람들의 마음을 사로잡는 깊은 관심을 강하게 느낄 수 있을 것이다. 모든 방향으로의 행동은 반응을 통해 가장 잘 설명되고 측정되며 이해될 수 있다. 이제 이것을 맥베스에 적용해 보자. 내가 말했듯이 인간의 마음이 물러가고 악마의 마음이 들어오는 것은 표현되어야 하고 느껴져야 했다. 새로운 세계가 들어섰다. 그리고 살인자들은 인간의 것들이나 인간의 목적, 인간의 욕망을 넘어서게 되었다. 그들은 변화했다.

레이디 맥베스는 "여성성을 잃었다."는 표현을 했다.

맥베스는 자신이 여성에게서 태어난 존재임을 잊어버렸고 그들은 모두 악마의 형상으로 변했다. 그때 악마의 세계가 갑자기 드러났다. 하지만 이것을 어떻게 전달하고 확실하게 만들 수 있을까? 새로운 세계가 들어서려면 이 세계가 잠시 사라져야 한다. 살인자들과 그 살인은 인간 세계의 흐름과 순서에서 벗어나야 한다. 그들은 어떤 깊은 구석에 갇혀야 하고 우리는 인간 삶의 세계가 갑자기 멈춘 것처럼 느껴져야 한다. 시간은 파괴되고 외부 세계와의 관계는 사라져야 하며 모든 것은 깊은 혼수상태와 지구적 열정의 정지로 빠져야 한다. 그렇기 때문에 사건이 일어나고 어둠의 일이 완성되었을 때 어둠의 세계는 구름 속의 장식처럼 사라지고 문을 두드리는 소리가 들린다. 그 소리는 반응이 시작되었음을 알리고, 인간의 본성이 악마의 본성에 대한 반응을 시작했음을 알린다. 그리고 다시 세상의 일이 재개되면서 우리는 그 중단된 시간의 공포를 깊이 느끼게 된다.

3. 자살에 대하여

대부분 사람이 읽는 데 있어서의 부정확성을 보여주는 놀라운 예가 있다. 그것은 도네(Donne)[43]의 작품에서 자살로 죽은 사람을 옹호하는 것처럼 보여지는 점이다.

도네를 존경하는 이들은 그의 작품이 교회에 입교하기 전에 쓰였음을 이유로 이를 변호하려 했다. 하지만 도네의 이 책에서의 목적은 경건한 것이었다. 많은 작가가 기독교 교회의 순교자들을 자살자라고 비난했다. 그 이유는 내가 미친 황소 앞에 죽을 것을 알면서 서 있다면, 내가 스스로를 죽이는 것과 같은 행위라는 것이다. 일부 신학자들은 이 원칙을 예수 그리스도의 경우에도 적용했다. 한 예로, 한 현대 저자가 이 내용을 칸트의[44] "이성의 범위 내에서의 종교"에서 지

43) 존 던(John Donne)은 16세기 후반에서 17세기 초반에 활동했던 영국의 대표적인 형이상학적 시인(Metaphysical Poet)이자 성직자이다.

44) 임마누엘 칸트(Immanuel Kant)의 중요한 철학적 저술로, 1793년에 출판되었습니다.

적하고 비판한 바 있다. 또 다른 예는 13세기까지 거슬러 올라가는 것인데 이는 볼테르[45]가 베카리아[46]의 "범죄와 처벌에 대하여[47]"라는 책의 주석에서 다룬 바 있다. 이 주장들은 두 가지 결과를 낳았다. 하나는 기독교 교회의 창시자와 그들을 양육한 인물들의 성스러움을 의심하게 만들거나 자살을 성스럽게 만드는 것이다. 이에 대해 도네는 그의 책을 썼고, 그의 반대자들이 자살에 대한 잘못된 정의를 내리고 있었기 때문에 자살에 대한 올바른 정의를 재구성하려 했다.

단순히 사람을 죽이는 것만으로는 살인이 아니다. 그러므로 자기 자신을 죽이는 것 역시 항상 그렇지 않을 수 있다는

이 작품에서 칸트는 종교와 이성의 관계를 탐구하며, 종교적 믿음이 이성적 근거를 바탕으로 해야 한다고 주장합니다.

45) 볼테르(Voltaire)(1694-1778)는 프랑스의 계몽주의 철학자이자 작가로, 종교적 관용과 표현의 자유를 옹호하며 교회의 권위에 반대했다. 그의 대표작 캉디드(Candide)는 사회적 부조리와 낙관주의를 비판하는 풍자적 소설이다. 그는 "나는 당신의 말에 동의하지 않지만, 당신이 그것을 말할 권리를 위해 싸우겠다."는 자유주의 정신으로 잘 알려져 있다.

46) 체사레 베카리아(Cesare Beccaria)(1738-1794)는 이탈리아의 법학자이자 철학자로, 형법 개혁과 범죄 예방을 주제로 한 저서 범죄와 형벌(On Crimes and Punishments)로 유명하다. 그는 고문과 사형 폐지, 인간적인 처벌 체계를 옹호하며 현대 형법학에 지대한 영향을 끼쳤다. 그의 사상은 계몽주의 정신을 반영하며 오늘날 형법과 사법 체계의 토대가 되었다.

47) 《Dei delitti e delle pene》(범죄와 처벌에 대하여)은 체사레 베카리아(Cesare Beccaria)가 1764년에 발표한 중요한 철학적 저서이다. 이 책은 형벌의 합리성, 범죄 예방, 그리고 법의 공정성에 대한 논의를 다룬다. 베카리아는 그 당시의 잔혹한 처벌을 비판하고, 형벌은 범죄를 예방하는 수단이어야 한다고 주장하였다. 또한 고문이나 과도한 처벌을 반대하며, 법적 절차의 공정성과 인간 존엄성을 강조했다. 이 작품은 현대 형법학과 인권론에 큰 영향을 미친 것으로 평가된다.

의심이 제기된다. 단순히 살인을 하는 것과는 다르게 자기 자신을 죽이는 것에는 살인의 정의와 구별될 수 있는 지점이 있을 수 있다. 도네는 여러 순교자의 사례를 들며 이러한 동기와 상황이 자살에 해당하지 않는다는 점을 설명하려 했다. 그런데 이런 주장이 자살을 장려할 위험이 있을까? 아니다. 도네의 주장은 예견적인 것이 아니며, 지나간 사건에 대한 반응에 불과하다. 단순히 자기 자신을 죽이려는 상황은 대부분 혼란스러운 사회나 역사적 변혁의 시기에 발생한다. 그리고 그런 경우도 그것은 자살이 아니다. 하지만 자살을 정당화할 수 있는 특별한 경우들이 있다는 점에 대해서는 모두가 느끼고 인정한다. 명예를 지키기 위해 스스로 목숨을 끊는 여성을 경배하는 마음은 누구나 가지고 있다. 만약 우리가 그녀가 그렇게 해야 한다고 말하지 않는다면 그것은 도덕적 판단이 인간 본성의 약점과 불완전함을 고려하기 때문이다. 다시 말해, 우리는 때때로 자기 본성을 지키기 위해 죽음을 선택하는 것을 존경한다.

8장

리히터의 선집에서

1. 우주에 대한 꿈
2. 어두운 새장 속에서 배우는 지혜
3. 아편의 꿈과 갈등의 끝

8장

리히터의 선집에서

1. 우주에 대한 꿈

나는 크뤼거(Krüger)[48]가 쓴 논문을 읽고 있었다. 그는 지구와 태양 사이의 공간이 비어있다는 통념이 잘

48) 크뤼거(Krüger)는 남아프리카 공화국의 대통령이었던 폴 크뤼거로 유명하며, 그의 이름을 딴 금화 크뤼거랜드(Krugerrand)는 세계적으로 널리 알려져 있다. 그는 보어 전쟁의 중심 인물로 남아프리카 독립의 상징적 존재다. 이 외에도 나치 고위 관료 프리드리히 크뤼거와 같은 다양한 역사적 인물들이 이 이름과 관련된다.

못되었음을 논증했다. 우리의 태양과 행성들은 전체 공간의 아주 작은 일부만을 차지하고 있다고 한다.

"만약 이 모든 공간이 행성이라는 몇몇 빛나는 점들을 제외하고 완전히 비어있다면 우주는 얼마나 공허한 심연 속에 잠겨 있겠는가!"라고 나는 생각했다.

허셜(Herschel)[49]에 따르면 망원경으로 관찰할 수 있는 가장 먼 은하들에서 오는 빛은 우리에게 도달하는 데 200만 년이 걸렸다. 따라서 우리에게 빛을 보내는 별 중 일부는 이미 오래전에 소멸했을 가능성이 있다. 이처럼 광대한 우주의 규모를 생각할 때 빈공간의 무한한 광야는 우주를 아무것도 아닌 것으로 만들어버릴 수 있을 것이다. 그러나 누군가 이 광대한 공간에 퍼져 있는 힘, 예컨대 빛의 흐름이나 만유인력을 간과할 수 있을까?

나는 꿈을 꾸었다. 내 육체는 무너져 내렸다. 내 내면의 형상이 빛으로 옷을 입고 나타났다. 내 옆에는 또 다른 형상이 있었는데 그것은 나를 닮아 번개처럼 끊임없이 빛났다.

49) 허설(Husserl)은 독일의 철학자 에드문트 허설(Edmund Husserl)을 주로 가리키며, 그는 현상학의 창시자로 유명하다. 허설은 경험의 본질과 의식을 연구하며, 철학적 탐구의 중심을 주관적 경험으로 돌렸다. 그의 현상학은 20세기 철학, 특히 실존주의와 해석학에 큰 영향을 미쳤다.

그 형상은 말했다.

"여기와 저기에 대한 두 생각이 나를 움직이는 날개다. 내가 저곳에 있음을 보라."

나는 그 형상을 따라 우주를 가로질렀다.

우리의 비행은 너무나 빨라 태양과 행성들은 달처럼 보일 정도로 커졌다가 곧 흐릿한 빛으로 사라졌다. 우리는 별들의 황야를 지나며 한 은하 뒤에 또 다른 은하가 펼쳐지고 다시 사라지는 것을 보았다. 나는 이 우주의 끝이 있는지 물었고, 형상은 답했다.

"보라, 그것은 시작조차 없다."

갑자기 우리 머리 위 하늘은 텅 빈 것처럼 보였고 광대한 심연 속에서 별 하나도 반짝이지 않았다. 무한한 어둠의 통일성을 깨뜨릴 빛의 희미한 흔적조차 보이지 않았다. 우리의 뒤에 있던 별들의 군단은 모두 흐릿한 성운으로 축소되어 마침내 그것마저도 사라졌다.

나는 생각했다.

"마침내 우주의 끝이 왔다."

이 생각에 나는 한없는 순수한 어둠의 감옥이 창조물을 가두는 것을 느끼며 몸을 떨었다. 나는 그 반짝이던 우주의 보석이 영원히 묻혀버린 깊고 검은 죽음의 바다를 떠올리며 전율했다. 우리가 움직이는 밤 속에서 형상은 여전히 빛났지만, 주변은 여전히 빛나지 않은 상태로 남아 있었다.

내 고통 속에서 형상이 말했다.

“오, 작은 믿음의 존재여! 위를 보라! 가장 오래된 빛이 오고 있다.”

나는 위를 보았다. 그리고 순간 희미한 여명이 나타났다. 눈 깜짝할 사이에 은하가 형성되었으며 별들의 무리가 합창하듯 폭발하며 빛을 내뿜었다. 수백 년, 수천 년 동안 고대의 별빛이 우리를 향해 여행을 떠나 마침내 상상할 수 없는 높이로부터 우리에게 도달했다. 이제 우리는 새로운 하늘의 주기를 따라 다시 날아갔다.

다시 한번 별이 없는 밤의 간격이 나타났다. 그리고 이전보다 훨씬 더 긴 시간이 흘렀다. 이전의 하늘은 점으로 축소되어 두터운 어둠의 한가운데를 뚫고 갑자기 북극광의 빛이 나타났다. 이는 소멸해가는 세계의 전조였다. 이 태양계의 순환 속에서 심판의 날이 실제로 도래한 것을 발견했다. 태양들은 병들었고 행성들은 진동하며 균열 속에서 거대한 심해의 지하수가 터져 나왔다. 세계의 지평선에서 나디르(Nadir)와 제니스(Zenith)[50]까지 번개가 수십 배의 길이로 뻗어 나갔다.

50) 나디르(Nadir)는 천문학에서 관측자가 서 있는 지점의 하늘에서 가장 낮은 점, 즉 지구의 중심을 향한 방향을 나타낸다. 이는 천구상에서 천정(Zenith)의 반대쪽에 위치하며, 종종 절망이나 최저점을 비유적으로 표현하는 데도 사용된다. 나디르는 하늘과 대조적으로 지구의 중심을 기준으로 방향을 정의하는 개념이다.
제니스(Zenith)는 천문학에서 관측자가 서 있는 지점의 하늘에서 가장 높은 점, 즉 천구의 정점을 가리킨다. 이는 관측자를 중심으로 수직으로 위를 가리키는 방향이며,

태양이 있어야 할 곳에는 대신 불길을 빨아들이며 빛이나 열을 발산하지 못하는 잿빛의 납 같은 태양의 시체가 보였다. 끝이 없는 통로를 통해 나는 태양과 행성의 충돌에서 생긴 눈처럼 빛나는 무언가가 산더미처럼 쌓인 장면을 보았다. 그리고 그 순간, 내 영혼은 이 우주의 짐에 눌려 고통 받았다.

나는 형상에게 말했다.

"멈추어 쉬게 해주십시오. 더 이상 나를 이끌지 말아주십시오. 나는 창조물 안에서도 너무 외롭고, 그 황야 속에서는 더욱 그렇습니다. 가득 찬 세계는 위대하지만 빈 세계는 더욱 거대합니다. 우주가 확장됨에 따라 그 황량함도 함께 늘어나는 것입니다."

형상이 나를 부드러운 숨결처럼 만지며 이전보다 더 온화하게 말했다.

"신의 임재 속에는 공허함이 없다. 별들 위와 아래, 그 사이와 주위, 어둠 속과 빛 속 어디에서든 진정한 우주, 모든 존재의 근원이 존재한다. 하지만 너의 영혼은 비현실적인 것의 현실적인 이미지만을 견딜 수 있다. 이제 내가 너의 시야를 정화하겠다. 유프라시(Euphrasy)[51]로 네 시야를 깨끗이 하고

태양, 달, 별이 머리 바로 위에 있을 때를 설명하기도 한다. 비유적으로 제니스는 성공이나 발전의 절정, 정점의 상태를 나타내는 데 사용된다.

51) 유프라시(Euphrasy)는 고대와 중세 약초학에서 알려진 식물로, 시력을 개선하는 효능이 있다고 여겨져 "눈의 밝음"이라는 별명을 가지고 있다. 특히 시력을 상징적으로

나아가 이미지를 보아라."

즉시 내 눈이 열렸고, 나는 끝없는 빛의 바다를 보았다. 그 바다는 측량할 수도 없고 깊이를 알 수도 없으며, 해안선이 없는 바다였다. 모든 하늘 사이의 공간이 가장 행복한 빛으로 가득 찼다. 물결치는 소리가 천둥처럼 울려 빛의 바다 위와 아래에 또 다른 바다가 있었다. 나는 우리가 지나온 길 없는 영역들을 보았다. 가장 먼 곳과 가장 가까운 곳을 동시에 이해할 수 있었다. 어둠은 빛으로 변했고, 빛은 어둠이 되었다. 태양은 이제 빛으로 가득한 이 바다 속에서 잿빛 꽃처럼 떠 있었으며, 행성들은 검은 씨앗처럼 보였다.

그 순간 내 마음은 우주 사이의 공간에 불멸이 거하고 죽음은 오직 우주 안에만 존재한다는 것을 깨달았다. 모든 태양 위에는 인간의 형상을 한 그림자가 서 있었는데 그들은 이 소멸하는 세계를 떠날 때 영화롭게 되었다. 그리고 나는 어두운 행성들이 빛의 우주의 어린 영혼들을 위한 요람에 불과하다는 것을 깨달았다. 창조물의 사막에서 나는 생명의 반짝임, 메아리, 그리고 창조적 힘의 숨결을 보고, 들었으며, 느꼈다.

태양들은 마치 실 짓는 바퀴 같았다. 행성들은 직조공의 북과 같았다. 그것들은 이집트 신화의 여신 이시스(Isis)[52]의 베

"정화"하거나 "깨끗이 하는" 역할을 묘사할 때 자주 사용되었다. 문학과 철학에서는 종종 영적 또는 지적 깨달음을 상징하는 은유로 등장한다.

52) 이시스(Isis)는 고대 이집트 신화에서 가장 중요한 여신 중 하나로, 생명, 마법, 모성,

일을 구성하는 무한한 직물을 짜는 도구에 불과했다. 그 베일은 창조물 위에 드리워져 있어 유한한 존재가 그것을 들추려고 할 때마다 더욱 길어졌다. 이 생명의 무한함을 목격하자 슬픔은 사라지고 무한한 기쁨과 행복한 기도가 남았다. 그러나 우주의 이 위대한 비전속에서 영원히 빛나던 형상은 보이지 않게 되었거나 영적인 세계로 돌아갔다. 나는 생명의 우주 중심에 홀로 남겨져 동정심을 나눌 존재를 그리워했다. 그러던 중 별빛의 심연에서 행성 하나가 빛의 바다를 떠다니며 다가왔다. 그 위에는 얼굴이 마돈나와 같은 여인이 서 있었다. 그녀 곁에는 얼굴이 변하지 않고 가까워져도 확대되지 않는 아이가 있었다. 그 아이는 왕이었다. 그의 머리에는 가시관이 씌워져 있었다.

마침내 나는 그 행성이 우리의 불행한 지구임을 알아차렸다. 지구가 가까워지자 별빛의 심연에서 나온 이 아이는 나에게 다가와 가장 온화한 연민과 말로 표현할 수 없는 사랑의 눈길을 던졌다. 그러자 내 마음속에 모든 이해를 초월하는 기쁨이 갑작스럽게 솟구쳤고, 나는 행복의 격렬함 속에서 깨어났다.

재생의 상징이다. 그녀는 이집트 신 오시리스의 아내이자 호루스의 어머니로, 가족의 보호자와 치유자의 역할을 맡았다. 이시스는 “위대한 어머니” 또는 “우주의 어머니”로 불리며, 신비와 지혜를 상징하는 인물로도 여겨진다.

2. 어두운 새장 속에서 배우는 지혜

• 꿈에서 깨어난 후의 깨달음

나는 깨어났지만 꿈에서 느낀 행복은 사라지지 않았다. 나는 외쳤다.

"죽음은 얼마나 아름다운가! 우리가 끝없는 생명과 창조의 세계 속에서 죽는다는 것을 생각하면!"

나는 이 지구에서의 삶에 대해 신께 감사했다. 하지만, 더 나아가 보이지 않는 우주의 깊은 곳에서의 삶에 대해 감사했다. 그곳은 오직 궁극적 실재만이 존재하는 어떤 지상의 삶이나 덧없는 희망도 들어올 수 없는 곳이다.

• 어두운 새장 속 새의 탄식

"아!" 갇힌 새가 말했다.

"나는 영원한 밤 속에서 얼마나 불행했을까. 가끔씩 멀리서 한 줄기 빛처럼 내게 다가오는 그 감미로운 선율들이 없었다면"

새는 말했다.

"나는 그 하늘의 선율들을 메아리처럼 반복하여 내 마음속에 새기리라. 그러면 어둠 속에서도 스스로 위로를 얻을 수 있겠지!"

그리하여 작은 새는 사람의 목소리와 악기로 연주되는 아름다운 선율들을 곧 배웠다. 그렇게 되자, 새장을 덮고 있던 커튼이 걷혔다. 이는 의도적으로 어둠을 이용하여 새를 가르치기 위한 방법이었다.

오, 인간이여! 너는 얼마나 자주 그늘진 슬픔과 네 날을 뒤덮은 어둠에 대해 불평하는가? 그러나 고통으로부터 지혜를 배우지 못한 것 외에 네가 무슨 이유로 불평을 하겠는가? 인간의 모든 삶은 불멸의 영혼을 가리는 커튼이 아니던가? 육체라는 커튼이 떨어질 때 그 영혼은 더 행복한 선율의 영역으로 날아오를 것이다.

• 어린아이의 죽음에 대하여

하루살이는 해 질 무렵에 죽고, 이 곤충은 한 번도 아침 햇살 아래에서 뛰놀지 못한다. 행복하구나, 하루살이 같은 작은 인간이여! 너희는 오직 떠오르는 햇살과 이른 새벽, 동방의 빛 속에서만 뛰어 놀았다. 너희는 인생의 첫 이슬만을 마시고, 신선함과 꽃들이 만발한 세상을 잠깐 떠다녔다. 그리고 이슬이 마르기 전에 순수함 속에서 잠들었다.

• 예언적인 이슬방울

한 연약하고 창백하며 조숙한 아이가 뜨거운 아침에 불평했다.

"가엾은 이슬방울들이 너무 서둘러 사라져버려, 다른 행복한 이슬방울들처럼 온밤 동안 달빛 속에서 반짝이거나 아침 햇살 속에서 오래 빛날 수 없다는 것이 안타까워."

아이의 말처럼, 만약 이슬이 해가 뜨자마자 증발해버리면 오후에 비와 폭풍이 온다. 반대로, 해가 뜬 후에도 이슬이 오래 반짝이면 하루는 맑게 지속된다.

• 예언적인 이슬방울

아침 햇살 아래 섬세한 아이가 말했다.

"태양이 열기로 그들을 쫓아내거나, 분노로 삼켜버렸어요."

얼마 지나지 않아 비가 내리고 무지개가 떴다. 이에 그의 아버지는 하늘을 가리키며 말했다.

"보아라, 저기 너의 이슬방울이 찬란한 보석으로 다시 빛나고 있다. 이제 더 이상 거친 발에 짓밟히지 않는다. 이를 통해 너는 배울 것이다. 땅에서 시드는 것은 하늘에서 다시 피어난다는 것을."

아버지는 이렇게 말했으나 자신이 예언적인 말을 했음을 알지 못했다. 얼마 후 이 섬세한 아이는 자신이 처음 말한 지혜의 밝은 아침 빛 속에서 이슬방울처럼 하늘로 올라갔다.

• 죽음에 대하여

죽음이 단순히 영혼을 육체에서 떠나게 하고 부패시키지

않는다면 우리는 그것을 덜 두려운 것으로 여길 것이다. 둘째로, 우리가 친구의 무덤을 보며 느끼는 슬픔은 종종 우리 자신의 죽음 이미지와 혼동되어 증폭된다. 셋째로, 우리가 따뜻한 가정이라는 둥지 속에 존재하다가 차가운 하늘의 심연으로 떠나는 것을 꺼려하기 때문이다. 마지막으로, 죽음이 우리에게 허락되지 않는다면 우리는 죽음을 다른 시각으로 보게 될 것이다.

한 번 나는 꿈에서 천상의 지적 능력을 가진 인간을 보았다. 그의 열망은 하늘을 향했다. 하지만, 그는 영원히 지구에 사슬로 묶여 있었다. 그는 다섯 가지 깊은 상처를 입고 있었는데 이는 그의 행복을 영원히 갉아먹는 벌레와 같았다. 그는 봄이 오면 불행했다. 이는 봄이 희망과 더 행복한 날들의 환상을 가득 담고 있었기 때문이다. 그는 음악 소리에 불행했다. 음악은 인간의 마음을 무한을 향해 열게 하지만, 그는 음악에게 외쳤다.

"사라져라! 너는 내 끝없는 삶 속에서 결코 찾지 못할 것들을 노래하고 있다!"

그는 지상의 사랑과 단절된 마음을 기억하며 불행했다. 사랑은 이 세상에서 꽃봉오리를 틔울 수 있지만, 다른 세상에서야 비로소 번성할 수 있기 때문이다. 그는 별들의 찬란한 모습 앞에서 고통스러웠다. 그는 말했다.

"나는 너희와 영원히 떨어져 있다. 우주의 태양들이 나를 둘러싸고 있지만, 나는 먼지와 재의 작은 덩어리에 묶여 있다."

그는 미덕, 진리, 그리고 신의 위대한 관념 앞에서 불행했다. 이는 지구의 인간이 그것들에 가까이 다가갈 수 있는 정도가 얼마나 미약한지 알았기 때문이다. 그러나 이는 단지 꿈이었다.

"현실에서는 하늘을 향한 간절한 갈망과 질문에 죽음이 언젠가는 답을 가져다줄 것이다."

• 삶의 거친 현실에 길들여지지 않는 상상력

삶이라는 죄 많은 드라마의 모든 배우는 행복하다. 내면의 높은 환상이 외부의 환상을 대신하거나 감추어주기 때문이다. 그들에게 무대의 서투른 풍경은 자연의 꽃과 현실을 지닌 것처럼 보이며, 장면이 요란하게 바뀌고 충격을 줄지라도 그들의 꿈을 방해하지 않는다.

• 비평가들에 대한 풍자적 언급

슈비아(Subia), 작센(Saxony), 포메라니아(Pomerania)는 독특한 직업을 가진 사람들이 있는 도시들이다. 이들은 작가들의 작품을 평가하는 "작품 평가관"이라는 직함을 가진 사람들로 옛 시장 감독과 비슷한 역할을 한다. 이들은 "미리 맛보는 사람들"(Prægustatores)이라고 불린다. 그들은 책을 미리

한 입 먹어보고 그 맛이 좋은지 사람들에게 알려준다. 우리 작가들은 그들을 "비평가"라고 부르며 이는 아마 명예훼손으로 고소당할 수도 있는 표현일 것이다.

이들은 스스로 책을 쓰지 않기 때문에 다른 사람의 책을 더 철저히 검토할 시간이 많다. 혹은 가끔 책을 쓰더라도 대개 형편없는 책을 쓴다. 이 점이 오히려 그들에게 유리하다. 자신의 경험으로 나쁜 책이 무엇인지 알기 때문에 다른 사람의 책에서 나쁜 점을 가장 잘 이해할 수 있기 때문이다. 그들은 문학과 문인들의 수호자로 여겨지는데, 이는 마치 성 네포묵(St. Nepomuk)[53]이 다리와 다리를 건너는 사람들의 수호자로 여겨지는 이유와 같다. 네포묵 성인이 한때 다리에서 목숨을 잃었듯이 말이다.

• 여성의 언어

히펠(Hippel)은 "결혼에 대하여"라는 책에서 이렇게 말했다.

"말하지 않는 여성은 분명 어리석은 여성일 것이다."

53) 네포묵(St. Nepomuk)은 14세기 보헤미아(현재체코)의 성인으로 본명은 요한 네포묵(Jan Nepomucký)이다. 그는 고해 성사 비밀을 지킨 이유로 처형되어 고해 사제들의 수호성인이자 다리와 물을 지나는 이들의 수호성인으로 알려져 있다. 전설에 따르면 그는 고백 내용을 비밀로 지키다 벌을 받아 다리에서 강물에 던져져 순교했으며, 이후 그의 이름이 정직함과 신뢰의 상징으로 널리 존경받게 되었다.

그러나 히펠은 그의 의견을 존경하기는 쉬워도 그대로 받아들이기는 어려운 작가이다. 가장 지적인 여성들은 여성들 사이에서는 종종 침묵하며, 가장 어리석고 침묵하는 여성들도 남성들 사이에서는 그렇게 보이지 않는다. 대체로 남성에 대한 일반적인 관찰이 여성에게도 유효하다. 이는 대개 가장 많이 생각하는 사람들은 가장 적게 말하는 사람들이라는 것이다. 이는 마치 개구리가 물가에 빛이 비치면 울음을 멈추는 것과 같다. 여성들의 과도한 말하기는 그들의 좌식 노동에서 비롯된다. 재봉사, 구두 수선공, 직조공 같은 좌식 직업을 가진 사람들도 여성들과 공통적으로 과도하게 말하거나 우울증 경향을 보인다.

야만인들의 말에 따르면, 원숭이들이 말을 하지 않는 것은 그들이 일을 강요받지 않기 위해서다. 하지만 여성들은 종종 자신들이 일을 하기 때문에 그 몫보다 두 배 더 많이 말한다.

• **용서**

화해의 광경만큼 인간에게 감동적인 것은 없다. 우리의 약점은 화해의 순간을 위해 치르는 대가로 그다지 큰 비용은 아니다. 한 번도 분노를 느껴본 적 없는 대천사는 분노를 이겨낸 인간을 부러워할 이유가 있다. 네가 용서할 때 네 마음을 찌른 사람은 너에게 조개껍질을 뚫고 상처 내는 바다 벌레처럼 보일 것이다. 조개는 즉시 그 상처를 진주로 메운다.

• 영웅들의 무덤

최고의 인간과 가장 고귀한 순교자들의 무덤은 모라비안 형제회(Hermhuters)의 무덤처럼 평평해서 일반적인 땅과 구별되지 않는다. 만약 마음이 자신의 비밀을 털어놓을 수 있다면 우리의 지구는 마치 평평하게 누운 웨스트민스터 사원[54]처럼 보일 것이다. 아, 얼마나 많은 눈물과 수많은 피의 방울들이 생명의 나무, 지식의 나무, 자유의 나무라는 세 가지 땅의 구석에서 비밀스럽게 흘렸을까! 그 수는 결코 헤아릴 수 없다.

위대한 재난의 시기만이 우리에게 위대한 인물을 드러낸다. 이는 태양의 완전한 일식이 혜성을 드러내는 것과 같다.

전쟁터뿐만 아니라, 미덕의 성스러운 땅과 진리의 고전적 토양 위에서도 수많은 이름 없는 영웅들이 쓰러지고 분투해야 한다. 이들은 역사가 바라보는 단 한 명의 영웅을 위한 발판을 쌓는다. 그 영웅의 이름은 피를 흘리며, 승리하며, 찬란히 빛난다. 가장 위대한 영웅적 행위는 가정이라는 네 벽 안의 프라이버시 속에서 이루어진다.

역사가 남성의 자기희생만 기록하며 역사의 펜을 피에 적

54) 웨스트민스터 사원(Westminster Abbey)은 영국 런던에 위치한 고딕 양식의 교회로, 영국 역사와 문화에서 중요한 역할을 하는 장소이다. 1066년 이후 모든 영국 군주의 대관식이 이곳에서 거행되었으며, 왕족, 정치인, 작가, 과학자 등의 무덤과 기념비가 자리한 영국의 국립 기념 교회로 알려져 있다. 또한, 찰스 다윈, 아이작 뉴턴, 제프리 초서 등 세계적으로 유명한 인물들이 안치된 학문과 예술의 상징적 장소이다.

시는 까닭에 세계의 보이지 않는 영혼의 눈에는 우리의 연대기가 우리가 보는 것보다 훨씬 더 아름답고 고귀하게 보일 것이다.

• 작은 존재 속에 담긴 인간의 위대함

지구 위의 인간은 허영과 공허함, 먼지와 재, 연기와 거품일 것이다. 인간은 자신이 그러한 존재라는 것을 느낀다. 이러한 느낌을 품는 것이 가능하다는 사실, 이는 자신을 자신 안의 더 높은 무언가와 비교할 수 있음을 의미하며 바로 이것이 인간을 불멸의 존재로 만든다.

밤 지구는 매일 밤의 장막으로 뒤덮인다. 이는 새장의 새들을 어둠 속에 두는 이유와 같다. 밤의 고요함과 정적 속에서 더 높은 사고의 조화를 더 쉽게 이해할 수 있도록 하기 위해서다. 낮 동안 연기로 흐릿해지는 생각들이 밤에는 빛과 불꽃처럼 우리 주위에 서 있다. 이는 낮에는 베수비오 화산 분화구 위에 떠오르는 기둥이 구름 기둥처럼 보이지만, 밤에는 불기둥처럼 보이는 것과 같다.

• 별들

위를 올려다보라. 신의 보좌를 둘러싼 영원한 빛의 들판을 바라보라. 만약 하늘에 별이 전혀 나타나지 않았다면 인간에게 하늘은 존재하지 않았을 것이다. 인간은 자신의 마지막 잠자리에 들면서 고통 속에서 단단하고 뚫을 수 없는 물질로 이루어진 뚜껑 덮인 어두운 땅 위에 누운 것처럼 느꼈을 것이다.

• 순교

진리를 위해 죽는 것은 자신의 나라를 위해 죽는 것이 아니라 세상을 위해 죽는 것이다. 진리는 메디치의 비너스처럼 서른 조각으로 후세에 전해질 것이다. 그러나 후세는 그것들을 모아 여신으로 다시 조립할 것이다.

그때가 되면, 지금은 그 증인들의 무덤으로 인해 반쯤 땅 속에 잠겨 있는 영원한 진리의 신전이 완전한 위엄을 되찾아 기념비적 화강암으로 우뚝 설 것이다. 신전의 모든 기둥은 순교자의 무덤에 단단히 고정될 것이다.

• 친구 간의 다툼

왜 불타는 사랑은 짧은 중단과 화해를 통해 더 열렬해지는가? 그리고 왜 우리의 애정을 가장 높은 평화의 무지개로 끌어올리기 위해 폭풍이 필요할까? 아, 이는 모든 감정이 자신만큼 영원한 대상을 느끼기 때문이다. 어떤 사랑도 사랑하는 대상이 죽을 수 있다는 느낌을 받아들일 수 없다. 이 불멸성의 느낌 아래, 우리의 얼음처럼 딱딱한 마음들은 서로 충돌하며 거칠게 부딪친다. 그러나 동시에 우리는 70년이라는 짧은 시간 동안 태양 빛 아래에서 급속히 녹아내리고 있다.

꿈을 꾸는 일이 없었다면, 맹인 같이 잠든 자 앞에 꽃과 보석으로 장식된 모자이크 세계를 펼치고, 살아있지만 누워있는 자를, 서있는 자세의 죽은 자들의 형상으로 둘러싸지 않았다면, 우리가 형제, 부모, 친구들과 다시 만날 때까지의 시간은 너무 길게 느껴졌을 것이다.

잠이란 무덤의 전실(前室)이며, 꿈은 그 전실을 저 세상에서 살고 있는 이들의 흉상으로 장식해준다. 그렇게 하지 않았다면 매년 우리는 죽음이 우리 주변에 만들어놓은 황량함에 더욱 고통을 느끼게 되었을 것이다.

• 철학적 사유의 두 부류

철학적 사유에는 두 가지 매우 다른 유형이 있다. 칸트가 철학에 긍정적이고 부정적인 양의 개념을 도입했으므로, 나는 이 구분을 기준으로 이들을 나누고자 한다.

긍정적인 지성은 시인처럼 외부 세계와 결합하여 내부 세계를 창조한다. 시인들은 외부 세계를 변형시키는 거울을 들고 있어, 우리의 실제 경험 속에서 복잡하게 얽히고 왜곡된 조각들을 새로운 조합으로 구성하여 아름답고 밝은 세계를 나타낸다. 이런 사유는 이상주의(피히테의 체계), 라이프니츠의 모나드와 예정 조화설, 그리고 스피노자주의와 같은 관념의 산물이며, 논리적 노력의 딱딱한 결과물이 아니라 창의적 순간의 산물이다. 따라서 나는 라이프니츠, 플라톤, 헤르더와 같은 인물들을 긍정적인 지성으로 분류한다. 그들은 긍정적인 것을 추구하고 제공하며, 그들의 내적 세계는 다른 사람들보다 더 높이 떠올라 섬과 대륙을 더 넓게 조망할 수 있기 때문이다.

반면 부정적인 지성은 자신만의 긍정적인 진리를 발견하며, 다른 사람들의 오류(즉, 부정적인 것)를 찾아낸다.

이렇게 베일(Bayle)과 같은 위대한 부정적 지성은 새로운 자산을 가져오기보다는 다른 사람들의 자산을 평가한다. 그는 모호한 아이디어를 명확하게 만든다. 이로 인해 우리의 지식에 긍정적인 추가는 없다. 이는 명확한 아이디어가 이미 암시적으로 모호한 아이디어에 포함되어 있기 때문이다. 모든 시대의 부정적인 지성은 긍정적인 모든 것을 혐오하는 데 한결같다. 본능적 감정, 충동과 같이 이해할 수 없는 모든 것을 그들은 논증 체계의 정점에서 한 번은 받아들일 수 있지만 이후에는 결코 용납하지 않는다.

• 자기희생 속 인간의 존엄성

인간이 자신의 피나 재산을 바치는 것은 그것들이 희생되는 대상이 더 가치 있기 때문이다. 선한 사람은 자신의 생명을 위해 싸울 때보다 다른 사람을 보호할 때 더 큰 용기를 발휘한다. 이를테면 자신을 위해서는 아무것도 위험에 처하지 않던 어머니가, 자신의 아이를 지키기 위해서는 모든 것을 감수한다. 결국, 인간은 자신 안의 고귀함과 미덕을 위해서만 자신의 생명을 바치고 영혼을 내놓는다. 그러나 이 고귀함과 미덕은 다양한 모습으로 나타난다. 기독교 순교자에게는 믿음이며, 야만인에게는 명예이고, 공화주의자에게는 자유이다.

3. 아편의 꿈과 갈등의 끝

마지막으로 1820년에 관련된 성격이 다른 꿈 하나를 인용하겠다.

이 꿈은 음악으로 시작되었다. 이는 내가 꿈속에서 자주 듣던 음악으로 준비와 긴장을 일깨우는 음악이었다. 그것은 마치 대관식 찬가의 서곡처럼 들렸으며, 거대한 행진과 무한한 기병대의 행렬, 그리고 셀 수 없이 많은 군대의 발걸음을 느끼게 했던 음악이었다. 그날 아침은 위대한 날의 시작이었으며, 나의 인간성이 어떤 신비로운 암흑 속에서 고통받고 극도의 위기를 겪으며, 최후의 희망이 걸린 날이었다. 어디서, 어떻게, 누가 그랬는지는 알 수 없지만 어떤 전투와 투쟁, 고뇌가 마치 거대한 드라마나 음악 작품처럼 진행되고 있었다. 꿈에서 흔히 그렇듯이 나는 모든 움직임의 중심에 있었으나 동시에 무력감을 느꼈다. 내가 의지의 힘을 발휘한다면 결정할 수 있을 것 같았으나, 다시 무력함 속에서 아무 것도 할 수 없었다. 마치 대서양의 무게나 씻을 수 없는 죄책감이 나를 억누르고 있는 것 같았다. "측량할 수 없는 깊은 곳"에서 나는 무력하게 누워있었다. 그러다 합창처럼 열정이 깊어졌다. 이제 칼이나 나팔 소리로는 표현한 적 없는 더 위대한 대의가 걸려 있었다.

갑작스러운 경보음, 이리저리 뛰어다니는 혼란스러운 움직임, 수많은 피난민의 두려움은 그들이 선한 대의로부터 온 것인지 악한 대의로부터 온 것인지 알 수 없었다. 어둠과 빛, 폭풍우와 인간의 얼굴들이 교차했다. 마침내 모든 것을 잃었다는 감각과 함께 내게 세상 전부를 의미했던 여성의 모습과 얼굴들이 나타났다. 하지만 단 한 순간만 허락되었고 맞잡은 손과 가슴이 찢어지는 이별, 그리고 영원한 작별이 이어졌다. 그리고 마치 지옥의 동굴들이 한탄하듯, 어머니가 '죽음'이라는 끔찍한 이름을 외쳤을 때와 같은 한숨이 울려 퍼졌다. 그 소리는 반복되었다. 영원한 작별이다! 그리고 다시, 또 다시 울려 퍼졌다. 영원한 작별이다.

나는 몸부림치며 깨어나 큰 소리로 외쳤다.

"나는 더 이상 잠들지 않을 것이다."

이제 지나치게 길어진 이야기를 마무리해야 할 때이다. 더 넓은 분량이 허용되었다면 사용된 자료들이 더 잘 전개될 수 있었을 것이고, 사용하지 않은 많은 자료도 효과적으로 추가

될 수 있었을 것이다. 그러나 아마 이것으로도 충분히 전달되었을 것이라 생각한다.

이제 남은 것은 이 공포의 갈등이 어떻게 최종적인 위기에 이르렀는지에 대해 언급하는 것이다. 독자는 이미 첫 번째 부분 서문의 초반부에 있는 구절에서 아편 중독자가 "그를 묶고 있던 저주받은 사슬을 거의 마지막 고리까지 풀었다"고 서술한 것을 보았을 것이다. 어떤 방법으로였는지에 대해서는 이를 원래 의도에 따라 서술했다면 현재 허용 가능한 분량을 훨씬 초과했을 것이다.

이처럼 강력한 이유로 축약할 수밖에 없는 상황에서 나는 아편이 끼치는 영향력이 아직 크지 않은 아편 중독자들에게 교훈과 양심의 호소가 전달되도록 하기 위해 무미건조하고 세세한 이야기로 기록 자체의 인상을 해치지 않기를 바랐다.

이것은 다행스러운 일이다. 현명한 독자의 관심은 매혹적인 주문의 대상 자체보다는 그 매혹적인 힘에 집중될 것이다. 이야기의 진정한 영웅은 아편 중독자가 아니라, 아편이다. 이야기의 중심은 바로 아편에 있으며, 이야기가 전달하려는 목표는 아편의 놀라운 힘을, 그것이 쾌락이든 고통이든 간에 드러내는 것이었다. 그것이 이루어졌다면, 이야기는 완결된 것이다. 그러나 이와 상관없이 "아편 중독자에게 무슨 일이 있었는가? 그는 지금 어떤 상태인가?"라는 질문을 계속 던지는 사람들이 있을 것이다. 이에 대해 나는 다음과 같이 답한다.

독자는 이미 아편이 더 이상 즐거움을 주는 마법의 힘이 아닌, 그를 버리려는 고통만이 유지되고 있다는 사실을 알고 있다. 아편이 계속 힘을 유지한 이유는 단지 그것을 끊으려는 시도와 관련된 고통뿐이었다. 그러나 그러한 폭군을 계속 사용하는 데 따르는 고통 또한 적지 않았을 것이므로 선택할 수 있는 것은 오직 두 가지 악 중 하나였다.

아편을 계속 유지함으로서 받는 고통이나 아편을 끊기 위해 겪어야 하는 고통은 모두 끔찍한 것이다. 하지만 궁극적으로 행복의 회복을 약속하는 선택을 채택하는 것이 더 나을 것이다. 이것은 진실이다. 하지만 논리가 아무리 훌륭해도 그것을 실행에 옮길 힘을 나는 갖지 못했었다.

그래서 나의 삶에는 위기가 찾아왔고 나의 생명보다 더 소중한, 지금도 여전히 훨씬 더 소중한 다른 사람들과 목표에도 위기가 닥쳤다. 나는 아편을 계속 복용한다면 죽을 것이라는 사실을 깨달았다. 그래서 만약 필요한 상황이라면 그것을 끊는 도중에 죽겠다는 결심을 하였다.

당시 내가 하루에 얼마나 많은 아편을 먹었는지는 알 수 없다. 내 친구가 나를 위해 아편을 사줬고 나중에는 이를 갚을 수 없게 되었다. 내가 1년 동안 얼마를 먹었는지 알 수 없었다. 하지만 나는 아편을 매우 불규칙하게 먹었다. 하루에 50~60그레인에서 150그레인까지 다양했을 것이라고 추정한다. 내가 가장 먼저 한 일은 그것을 40그레인으로 줄이고, 30그레인, 최대한 빠르게 12그레인으로 줄이는 것이었다.

나는 승리했다. 그러나 독자는 이 승리로 인해 나의 고통이 끝났다고 생각하지 않기를 바란다. 나는 4달이 지나도록 여전히 불안하고 뒤틀리고, 두근거리고, 심장이 뛰고, 산산조각 나서 몸이 부서지는 듯한 고통 안에 있는 상태였다.

마치 제임스 1세 시절의 한 순수한 고통받는 사람이 남긴 생생한 기록에서 알 수 있듯이 고문을 당한 사람과 비슷한 상태라고 생각하라.

그동안 나는 에든버러의 유명한 외과 의사에게 처방받은 약을 제외하고는 아무것도 효과를 보지 못했다. 그 약은 발레리안[55]의 암모니아 제제를 포함한 것이었다. 따라서 내 해방에 대한 의학적인 설명은 크게 부족하다. 그리고 내가 의학을 잘 알지 못하는 사람이기 때문에 내가 나눈 경험이 다른 사람에게 혼란을 줄 수도 있다. 어쨌든 이곳에서는 이런 내용을 이야기하는 것은 적합하지 않다. 이야기의 도덕적인 교훈은 아편 복용자를 위한 것이며 그 적용 범위가 한정되어

55) 발레리안(Valerian)은 여러 맥락에서 사용되지만, 가장 흔히 알려진 것은 약용 식물 Valeriana officinalis로, 진정 작용과 불안 완화 효과를 가진 허브이다. 발레리안 뿌리는 불면증, 긴장, 스트레스 등의 증상을 완화하기 위해 전통적으로 사용되었으며, 차나 보충제 형태로 섭취된다. 다른 맥락으로는 발레리안은 공상과학 및 판타지 작품에서도 등장할 수 있다.

있다. 만약 아편 복용자가 내 이야기를 읽고 두려워하고 떨게 된다면 그것만으로 충분한 것이다. 누구든 아편을 사용하는 사람은 내 경우를 보라, 17년 동안 아편을 사용하고 8년 동안 남용한 후에도 여전히 그것을 끊을 수 있음을 증명했다는 점을 기억해야 한다. 그가 나보다 더 강한 의지를 가지고 있고, 더 강한 체질이라면 나보다 더 적은 고통으로 같은 결과를 얻을 수도 있을 것이다. 이것은 사실일 수 있다. 나는 다른 사람의 노력을 내 기준으로 측정할 수 없다. 나는 그에게 더 많은 힘이 되기를 기원하고 그가 같은 성공을 거두기를 바란다. 나에게는 나를 위한 외부적인 동기들이 있었다. 그것이 나에게 아편으로 쇠약해진 마음에 단지 개인적인 이익만으로는 제공되지 않는 도덕적인 지지력을 주었다.

제레미 테일러[56]는 태어나는 것이 죽는 것만큼 고통스러울 수 있다고 생각했다. 나는 그의 생각에 동의한다. 아편을 줄여가는 동안 나는 한 존재에서 다른 존재로 이동하는 고통을 겪었다. 그 결과는 죽음이 아니라 일종의 신체적인 재생이었다. 그리고 그 후 가끔씩 나는 젊은 시절보다 더 활기찬 기분

56) 테일러는 인간 존재의 고통과 유한성을 강조하면서도, 신앙을 통해 그것을 초월할 수 있다고 보았다. 그는 죽음이 필연적인 고통이지만 신의 은총 속에서 준비할 수 있는 과정이라고 생각했다. 또한 태어나는 것도 죽는 것만큼이나 고통스러울 수 있으며, 인간이 삶과 죽음을 경건하게 준비해야 한다고 설파했다. 이러한 그의 사상은 후대에 깊은 영향을 주었으며, 특히 19세기 낭만주의 작가들이 그의 글을 인용하거나 참고하기도 했다.

을 되찾았다. 비록 내 마음이 덜 행복한 상태일 때는 그것을 불행이라 부를 수도 있을 만큼 어려움에 처해 있더라도 말이다.

나의 이전 상태의 흔적은 여전히 남아 있다. 나의 꿈은 아직 완전히 평온하지 않다. 폭풍의 두려운 파도와 동요는 아직 완전히 가라앉지 않았다. 꿈속에 진을 치고 있던 군단들은 점차 물러나고 있으나 모두 떠난 것은 아니다. 나의 수면은 여전히 격렬히 밀턴의 엄청난 시구에서처럼 멀리서 천국의 문을 바라보는 우리의 첫 조상에게 그러했듯이 여전히 이렇게 묘사된다.

"불타는 무기로 무장된
끔찍한 얼굴들이 가득 차있다."

"번역을 마치며 독자에게 전하는 말"

마지막 2장은 아편 중독자의 고통과 깨달음을 시적인 은유로 표현하며, 단순한 개인적 경험을 넘어 인간 존재와 사회의 본질적인 문제를 성찰하는 내용을 담고 있다. "어두운 새장에서 배우는 지혜"라는 제목처럼, 이 장은 고통의 순간에서 배우는 깊은 통찰과 내적 재생의 과정을 강조하고 있다. 여기서 "어린아이의 죽음"은 짧지만 순수했던 삶을 상징하며 "이슬방울의 무지개"는 상실 이후 새로운 시작과 희망의 가능성을 나타내고 있다. 이러한 은유는 아편 중독자가 겪는 고통을 초월하여 내면적 성숙과 회복의 여정을 보여준다.

이렇게 언급된 시적인 표현은 단순히 개인의 중독 극복에 그치지 않고, 인간 사회와 존재에 대한 철학적 성찰로 이어지고 있다. "새장의 커튼"과 같은 이미지는 중독이 가져오는 고립과 억압을 상징하면서도 그것이 걷히는 순간 삶의 새로운 가능성이 열린다는 메시지를 전달하고 있다.